フランス人ジハーディスト

彼らはなぜイスラム聖戦士になったのか

ダヴィッド・トムソン 著／小沢君江 訳

緑風出版

LES FRANÇAIS JIHADISTES
de David THOMSON

目次

フランス人ジハーディスト
彼らはなぜイスラム聖戦士になったのか

序　7

1　殉死するためにすべてを捨てる　13
「すべてを捨て去らなければならない」・16、フランスのイスラームに反発する・18、どこにでもいるような若者のタイプ・22、「フランス十字軍」と戦う・26

2　ジハードのためのクレジット　29
殉死が与える七つの報酬・32、ラップを捨てる・36、毎朝銀行に行く・38、シリアで忠誠を誓う・40、シャームへ発つ・45

3　妻子と共に　47
「十五歳の弟でさえシリアに行ったのだ！」・49、缶ビールを片手に、大麻を指に・50、内輪の結婚式・53、「当選者はそれぞれのチャンスに賭けた」・57、かつてなかった新しい世代・60

4　若い女性はシリアのジハーディストに憧れる　65
家族との反目関係・67、精神的打撃・71、「各聖戦士のうしろには一人の女性がいる」・74

5　万能のグーグルとLOL（大笑い）ジハード　79
「グーグルでイスラム教への改宗法を調べる」・81、まず自分の写真をアップ

ロードする・85、「ＬＯＬ（大笑い）ジハード」・87

6 ジハード勧誘者のフェイスブック 91
「ウェイク アップ ウンマ（目覚めよ、イスラム共同体）」・94、遅まきながらイスラム教に帰依する・97、「椅子から立ち上がることはない」・101

7 ハラールネットワーク 105
日常からのエスケープ・109、諜報局もお手上げ・111

8 ウェブ聖戦士世代 117
「ジハード（聖戦）には、当時はまだエキゾチックな響きがあった」・119、孤独と共鳴・121、「もうじき来るのは、インターネット世代革命」・123、ジハードのイコン、ビン・ラディン・126、一六〇〇頁におよぶ記念碑的作品・131

9 聖戦のパンテオンに 135
戦士のスター化・138、「アニメ『ライオン・キング』のビデオの前で、ぼくは生まれて初めて涙を流した」・144、西洋が発明したインターネットを、彼らを攻撃するための武器にする・146

10 チュニジアのイスラム観光 149
燃え上がるアメリカ大使館の上に黒い団旗・151、サラフィストにとって予想外の救い・156、シャリーア法支持者・159、「コーランを三日間読みつづけ

た」・162

11 歓迎されないフランス人ひげ男たち ―― 167
チュニジアから・169、「ここではイマームは、直接問題のテーマに入る」・172、フランスでの疑い・175

12 レバントのアルカイダ・フランス人部隊 ―― 179
兄弟殺し戦争・180、肉弾・182、「あるグループは、他のグループよりも誠実だ」・185、彼らの首長になること・189、「首長の教祖化」・191

13 当局の偽りの寛容さと無力感 ―― 195
「飛行機の中でブラックはぼく一人」・199、「シャンゼリゼでの大規模なテロ計画」・202、ムジャヒディン（聖戦士）のパリ・ユーロディズニーランド・204、止められないフランス人の若者たちの流出・207

14 アッラーの敵、フランスを攻撃するためにフランスに戻る？ ―― 211
四〇〇人から五〇〇人のフランス人ジハーディスト・213、あとには戻れない選択・216、一つのジハードから別のジハードへ・220、「フランスでの一回のテロにつき、一〇〇人の兄弟戦士を動員」・223、ヨーロッパへの脅威・227

訳者あとがき ―― 230

序

本書はアルカイダのリーダーたちについてではなく、ジハード（イスラム聖戦）に参加している若いフランス人戦士たちの証言をもとに書かれたものである。メディアが言うジハードの見習兵、言うなればアッラーへの道を行く「ピエニクレ」（訳注1）とも評された若者たちの体験談を集めている。彼らは、自国のモスクではなく、親たちに隠れてインターネットによってイスラム教を、ジハードへの誘いを叩き込まれた若者たちである。彼らはムスリム（イスラム教徒）のコミュニティの中でもごく少数であることを知りながらも、妥協を許さない徹底主義を守り、真正のイスラム教とジハードの軍事訓練を体得するためにシリアに向かって行った。取材をしながら、わたしは彼らが選んだ道やコーランの解釈の仕方を批判することはいっさいしなかった。わたし個人の主観を排し、彼らがたどった経緯を把握し、どのようにしてフランスで生まれ育った若い男女がウサマ・ビン・ラディンを深く崇拝するまでになったのか、その軌跡をたどってみたかったのである。彼らは、シリアでジハードの黒い団旗を掲げて戦い、そのあとはモハメッド・メラ（二〇一二年三月、トゥールーズのユダヤ人学校の生徒や兵士、計七人を一人で銃殺した）がしたように、フランス国内で個人テロを起こす強い意志を持っているのである。

二〇一四年初頭、フランスの内務省によれば、シリアのジハードにはフランス人、仏国籍取得者を含む七〇〇人のフランス人が参加しており、二五〇人が戦線で戦っていた。二〇人が戦死し、そのうちの三人が自爆している。現地でフランスのパスポートを持っているジハーディスト（イスラム聖戦士）は三〇〇人から五〇〇人とみられる。わたしは一年間の取材のあいだ約一〇〇人と接触でき、そのうちの一五人は未成年者だった。

本書を書くにあたって、司法関係または警察とのコンタクトはいっさい取らず、それらからの情報、資料も使用していない。ここで語られる証言は、すべてジハーディスト（聖戦士）、彼ら自身の口から赤裸々に吐かれた言葉である。彼らのなかには、聖戦思想を支持する者と、「戦闘」をすでに実践している者もいる。二〇一一年初頭から二〇一三年末まで、わたしがチュニジアとリビアに報道記者として滞在していたあいだ、証言者の全員がたがいの信頼関係のもとで語ってくれたのである。

私は独仏系テレビ、アルテ局の依頼で、チュニジアで「アンサール・アル・シャリーア運動（訳注2）」を推進するチュニジア人ジハーディストに関するドキュメンタリー映画（原注1）を撮影していた際に、偶然に数人のフランス人聖戦士に出会った。アンサール・アル・シャリーアはテロリスト組織

原注1　『ジハードの誘惑の地、チュニジア』二〇一三年イラリア・アルピ賞受賞。

訳注1　一九〇八年に発刊された漫画雑誌『エパタン』に連載された、バカでおっちょこちょいの男三人組の冒険漫画（ルイ・フォルトン作）。

訳注2　チュニジアの「アンサール・アル・シャリーア」は、二〇一一年一月、ベン・アリー政権が崩壊した後に存在が明らかになったイスラム過激派組織。指導者はアブ・イヤド。

として国際テロリストのリストに入っていた。二〇一二年春に開始されたその撮影取材は、一年以上つづいた。街頭では慈善キャンペーンやチュニジア人聖戦士たちの激しいデモがくり広げられていた。そしてわたしは、アンサール・アル・シャリーアに加わりたいというフランス人やベルギー人と、モスクの中で接触を持つことができたのである。メディアを受け入れないこの組織に近づけたことは、グループへの推薦状を手にしたのと同じだった。ジハーディストは特に非ムスリムのジャーナリストによるインタビューはめったに受け入れなかったからだ。客観的なジャーナリストとみられているわたしの取材活動は、二〇一三年、二〇一四年とさらに一年延長されるなかで、シリアのムジャヒディン（聖戦士）に加わろうとしている、幾人かの若いフランス人とカフェでも出会うことができ、接触を保つことができた。そのあともメールやフェイスブックなどでコンタクトは途切れることはなかった。このようにして本書にまとめるプロジェクトが生まれたのである。実際にコンタクトを持ち会話を交わし、手紙を交換し合った五〇人ほどのフランス人ジハーディストのなかで一八人が現地での彼らの日常生活や信仰、思想、彼らの計画まで語ってくれたのである。

代表的戦士とも言えるこの一八人のうち、九人はいわゆる「生粋の」フランス人とみなされる。彼らは本国や海外県、またはフランスの旧植民地だったアフリカ諸国出身で、キリスト教からイスラム教に改宗した者である。その他は、ムスリム文化のなかで育ったフランス人だが、一人も両親からイスラム信仰を受け継いではおらず、しばしば困惑を隠しきれないでいる。彼らはイスラム信仰をごく最近はじめたばかりなのだ。中には外国でジハード運動に加わり、イスラム教に改宗してまだ三カ月足らずの者もいた。ほとんどがフランス国籍所持者であり、一人だけがセネガル出身者でベルギーのワロン地域(訳注3)から来ていた。大半は、大都会の郊外で育った。何人かは田舎から来ている。また、複雑な家族関係を抱え、精神的な悩みを持つ者もいる。ほとんどはこうした困難を味わっていないにしても、彼らの半数は、軽犯罪歴があり、なかには強盗などの重罪歴を持つ者もいるが、残りは前科を持たなかった。ほとんどがバカロレア試験(訳注4)前に退学していたが、無為に暮らしていたわけではなく、何かしらの仕事をし、家族に可愛がれていたのである。例外は、十七歳と、四十歳くらいに見える二十八歳の二人の男であった。ひとつだけ言えることは、彼らの誰一人として、ジハードが掲げるイスラム教をモスクや刑務所で出会ったわけではなかった。彼らの唯一の共通項は、インターネットとサイバー文化であり、それらによって彼らのプロファイルとジハード思想そのものが形成されたと言える。一八人のうちの一〇人がシリアで、イラクの〈イスラム国〉とはライバルの関係にあるアル・ヌスラ戦線(訳注5)のグループで戦っている。二〇一四年初めには、まだ彼らの一人も死んでいなかった。

訳注3　ベルギーの南半分を占める地域。公用語はフランス語。
訳注4　大学入学資格を得られる試験。
訳注5　シリアで活動するスンニ派のサラフィスト・ジハードの反政府武装組織。アルカイダの関連組織。

一年のあいだにフランスとチュニジアのあいだで自発的になされた対話とは別に、彼らはシリアからわたしにスカイプで語ってくれた。若いフランス人たちのジハードへの旅立ちは、常に家族に知らせずになされるため、彼らの自宅でインタビューすることは不可能だった。したがって彼らとの出会いはいつも公園などであった。彼らのアドレスや電話番号、身元などをいっさい聞かなかったのは、わたしが逮捕されたときにスパイとみなされることを避けるためだった。取材中に、三人の若者が取り調べを受け、二人がそれぞれフランスとベルギーに送還され、拘留されたのである。

この取材活動のインタビューは正味六十時間ほどにわたって録音され、そのまま文章にしたものである。誘導的な質問などはいっさいせず、ジハードに興味を持つジャーナリストとしてではなく、どこまでも中立のジャーナリストとして通したのである。一方、彼らの安全を守るため、そして表現の自由を守るために彼らの名前やニックネームも変えてある。本書で語られる証言は、すべて彼らの同意を得たうえでまとめたものである。いくつかの事実は、確証できない部分もあるのだが、本書はどこまでもヤシヌやクレマンス、スレイマン、エリック、アブ・ナイム、オマル、マイケル、その他の青年たちの証言を聞くためであり、フランス人ジハーディストの真情を把握することが目的なのである。

1　殉死するためにすべてを捨てる

「ぼくたちに尊厳を与えてくれたのは、イスラームだ。
フランスがぼくたちに与えたのは屈辱だった」

「アロー、ママ！　ボンジュール、元気？」

「あんたが行ってしまったから、たいへんなのよ」

「わかってるよ、わかってる。でも〝神の祝福〟によってどんな苦しみも消えてなくなるんだ。謝るよ、ママ。でも聞いてよ、今日みつけた啓典ハディース（原注1）の一つを読んであげるから。ムハンマドの使徒の一人、ウマル・イブン・ハッターブ（訳注1）は何百もの戦いに参加した。彼の夢はぼくのと同じで、殉死することだった。でもアッラーはそうさせずに彼を床の上で死なせた。彼は最期にこう言った。『わたしはアッラーの剣になってアッラーのために死にたかったのに、ベッドの中に横たわるラクダのように死ぬ』と。わかる？　ママ、つまりぼくらが生まれる前にアッラーはぼくたちの死も決めているのだ。ママのそばにいるか、もしくは世界の果てに行くかはアッラー次第なんだ。だからママのそばにぼくを留めておきたいと思っても、無理だよ」

「でもシリアに居れば危険な目に遭うだけでしょう！」

「そうじゃない。まあ、詳しいことは言えないけど、もう、すべて話したしさ。ぼくのために神に祈ってよ。ぼくが幸せになることを望んでるんでしょう？　ぼくは自分自身の幸せを生きている。それは、アッラーと家族のために戦うことなんだ。アッラーを信じてよ。それこそが真の幸せなんだ。ママは、現世に最良の世代を産み育てたんだ。ムハンマドが言ったようにね……」

「どうしてわたしたちの言うことを聞いてくれないの？」

「ママ、ママ、ぼくは本当のことを言わなければならないんだ。何と言えばいいのかな。毎日、神のことを考えることしかしてないんだ」
「戻って来てちょうだい、お願いだから」
「ママ、それはぼくの望むところではないんだ。ママを心から愛してる。ママはぼくにとって生涯唯一人の女性であり、愛のすべて、宝もの。でもママと話すのは辛い。だっていつも泣いてばかりいるから。さあ、キスを送る。愛してる」

ヤシヌと泣きながら話す母親との通話は何回となく繰り返されたが、変わるものは何もない。青年は何年も前からジハードに心を寄せ、今は彼の夢がいよいよ実現しようとしている。二〇一二年のある日、彼の友人、ハンザとぶらぶら、無為の時間を送っていたときに携帯が鳴った。遠くから聞こえてくる聞き取りにくい声は、アフガンのアクセントの強いアラビア語を話す男の声だった。彼は、ヤシヌらと同じく、パリ郊外のセーヌ・サン・ドニ県から彼らよりも

原注1　ムハンマドの言行録のことで、ムハンマドが日常生活の中で語った言葉やその言行について使徒たちが伝えた数千もの証言をまとめたもの。スンニもムハンマドの言行・範例を指し、後世代に伝えられた宗教的慣行・範例。以来スンニ派が生まれる。

訳注1　ウマル・イブン・ハッターブ（五九二？〜六四四）は初期イスラム共同体（ウマル）の指導者の一人で、第二代正統カリフ。

数カ月早くシリアに向かった二人の友人の名前を知らせた。あまりよく聞こえなかったが、相手が言った「アッラーへの道で殉死した」という言葉を聞いて、ヤシヌはこの通話の目的がすぐにわかった。タリバンの首長が言うには、アフガニスタンで彼の二人の友人、アブデルとグザヴィエが殉死したという「良い知らせ」を送ってきたのだ。このときヤシヌは大きな喜びを感じたと言う。「『彼らが死んだ』と知らされるや、ぼくは『アッラー アクバル（アッラーは偉大なり！）』と叫び、死んだ兄弟たちを羨望した！　明日もしぼくの目の前で兄弟が死んだら、同様にぼくは『アッラー アクバル』と叫んでやるよ。人びとは『気違いだ、兄弟の死を喜ぶなんて』と言うかもしれないけれど、ぼくは喜ぶよ。なぜなら考え方が違うのだから。無信仰者が生を愛するのと同じくらい、ぼくらは死を愛しているのだから。アルコール中毒者がアルコールを愛し、不倫したい者が不倫を重ねるように、死は、ぼくたちの目標なのだ」。

「すべてを捨て去らなければならない」

アブデルとグザヴィエは、パキスタンに着いたあと、アフガンの山岳地に入る前に、彼らの殉死を知らせるべき近親者の電話番号を首長に伝えた。戦士の誰もがそうするように。二人はアフガニスタンに観光のために来たのではなかった。二人とも、過酷な戦闘と連合軍の空爆の中で、最期はイスラム教の殉死者として、神を讃える者として人差指を天に向けて、信仰を讃える場面を夢見てきたのだった。二十歳そこそこの二人組は、パキスタンのある部族の暮らす地帯にあるワジリスタン基地で軍事訓練を受けた後、三回目の作戦のとき、米軍の爆撃を受けて戦死し、殉死することの夢が叶えられたのだった。

彼らの殉死を知らせるべき近親者のリストの中に、偶然にヤシヌのナンバーが首長の目に止まった。首長には、新たな殉死者の親たちに息子の訃報を知らせる義務があった。その知らせを受ける親の慟哭は、ヤシヌの衝撃とは比べものにならない悲劇的なものだ。「母親の誰一人として、どんな目的のためであろうと息子を失うことは受け入れがたいものだ。母親たちは、来世での復活の日まで、おれたちの戦いの真の意味を理解できないだろう」。親にとって息子の死という耐えがたい苦しみを考えれば考えるほどヤシヌのジハードに向かう意志は固くなっていた。「ムハンマドの使徒でさえ言っていた。聖戦士の誰一人として、親たちの同意などを得ることはない、と。なぜなら父親にしても母親にしても子どもを失うなんて考えられないのだから。でも神は、すべての悲しみ、慟哭も最後の審判の日、父親は咎められることを恐れて妻子を捨てて逃げ出すだろうけれど、でもぼくたちは殉死者として、母や子どもたちを守ってあげられる。安心しなさい、アッラーの御意志なら（インシャアッラー）、あなたたちが来世の楽園に行けるようにとりはからうこともできるのだ。そしてぼくたちのおかげで、悲しみや苦痛もすべてが喜びと微笑みに変わるだろう。このようにしてぼくたちも家族から別れるときに心に平安をもたらすことができたのだ。神もぼくたちの誠意をわかってくれている。現世のすべてを捨て去ること。心が執着していたもの、親や子どもや妻も、物も、心から愛していたものも。コーランの章の一つに、『アッラーの道を行くよりもあなた方の妻や家族、物などの方が大事と思うのなら、神の懲罰を待つしかないであろう』という啓示がある。ぼくたちはその懲罰を待つなんてできないのだ」。

フランスのイスラームに反発する

二人の青年は、ムハンマド・オマル(訳注2)が支配していたアフガニスタン・イスラム首長国に行くまで、彼らの計画を失敗に終わらせないために黙っていた。ヤシヌもハンザも、彼らがジハードに向かうことは知らされていなかった。

パキスタンに着くやイスラム聖戦の見習兵は、彼らの属する部隊に連絡したら、彼らに合流するようにと言われた。「着いたのか！　兄弟たち、闘志に燃えているなら、おれたちのところへ来いよ。何でもあるから安心して来いよ！」。そのときからぼくたちは行動する気になったんだ。ぼくらは全くの新米兵だった。アフガニスタンに行こうとしても何もわからなかった。計画を立ててどうするか考えなければならなかった。ぼくは結婚してアパートも持っていたし、仕事もしていた。でもすべてと絶縁し、すべてを手放したが、思い通りにはいかなかった。ハンザが警察に捕まってしまったのだ。どちらにしてもぼくらは二人きりだし、結局ぼく一人になってしまった」。

ハンザにはどうも用心深さが足りなかった。十八歳になるすこし前に、イスラームに改宗してから、じきに警察の調査班に目をつけられた。彼はパリのベルヴィル界隈や十八区のモスクに、刑事に尾行されながらも足繁く通うようになった。「モスクの指導者は一度たりともジハードのことは口にしない。でもいくつかのモスクには、ジハーディストが集まっていたが口をきくことはしない。ハンザは十八歳のとき、モスクに通い、礼拝に参加しはじめた。そこで仲間たちに出会った。彼らは全員、警察のブラックリストに載っており、写真も撮られている。複数のグループのどの写真にも彼の姿が見られ、彼はリーダーとしてしか見られなかった。そんなわけで彼は何もしていないのに、刑務所に二年つながれた。警察は、彼が若者たちを洗脳しジハードに送り込む者とみなしたらしい」。それ以来、ハンザは何回も拘留を繰り返している。一回目の拘留は、あるグループとつながりを持ち、そのリーダーが、フランスでイスラームを裏切ったとみられる組織、フランス・ムスリム宗教評議会（訳注3）（ＣＦＣＭ）幹部の一人を暗殺することを企てたからだ。二回目の拘留は、彼が釈放された直後に、司法警察の監視下にあるのに、

訳注2　ムハンマド・オマル（一九五〇〜二〇一三年）はパシュトゥーン人。ソ連のアフガニスタン侵攻時にムジャヒディンとしてゲリラ戦に加わる。タリバン結成後、アフガニスタン・イスラム首長国を樹立。
訳注3　ＣＦＣＭは二〇〇三年にフランス政府とムスリム関係国との間の合意で創立されたが、イスラム宗派や関係国の複雑な関係がからみ軌道に乗りにくい状態にある。

チュニジアのジハーディストと接触を持ったからだった。とくに二〇一二年十一月にマリで逮捕されたフランス人とも親しくなり、「マグレブ諸国のアルカイダ」（ＡＱＩＭ）に合流しようとしていたときだった。

ヤシヌはいつもきわどいところで警察の手から逃れていた。孤独で、一度もモスクに行ったこともなく、過激派グループにも近づかなかった。彼によると、フランスのモスクに来る者は皆、不敬虔だという。彼がモスクに行くのは金曜日の大礼拝のときだけだった。「人びとが集まる中にいるのが居心地いいから。でもフランスにいるイマーム（説教師）が言うことを聞いていると、自分の祈りが神に聞いてもらえないのではないかと不安になるんだ」。フランスでイスラームが国家の監督下に置かれていることに、彼は反発する。「ぼくにとって、フランスのモスクは真のモスクではない。全く表現の自由もなく、宗教そのものを伝承することもさせない。一言で言えば、アラカルト式イスラームであって、フランス社会に向いているものは受け入れ、向いていないものは拒否するというふうに。フランスにいるイマームたちは、フランスでの生活に満足しているから、ジハードや戦争について話さないのは当然だ。フランスが彼らに求めているのは、フランス社会の器に収まることなんだ。イマームがジハードや一夫多妻制、イスラエルなどについて口にするや、彼は過激派とみなされ国外に強制退去される。これこそフランスがモスクに望んでいることなんだ」。

青年は外にも出ず、だんだん孤立していった。ハンザが拘留されたことで、アフガニスタンに行く勇気もそがれる。「あまりに若かったことと、気が弱く、たいして教育も受けていなかったので、一人で戦わなければならないことは知っていたけれど、ぼくは意気地なしなんだ。二人なら力を合わせられるけど一人では十分な勇気がないのだ。結婚したばかりだし、そう簡単にはいかない。ジハードのことを考えつづけると、一種の妄想状態になり、誰を信じていいのかわからなくなり、誰が味方なのか誰が敵なのかもわからなくなる。合流する仲間が、はたして自分と同じ信念を持っているのかどうかもわからなくなる。このように妄想が昂じて、最後には苦悩するようになる」。

ヤシヌは日常生活に復帰し、パリのオフィスに通勤し、入れ歯や義歯をつくる仕事に戻った。彼は「生粋の」フランス人女性と最近イスラームの儀式にそって結婚した。夜と明け方に祈るので寝る時間は二、三時間しかなかった。空いている時間はユーチューブやデイリーモーション（フランスの動画共有サイト）でアルカイダの首長から送られてくるフランス語字幕付のビデオでイスラームについて学んだ。彼はインターネットによって「イスラームの隠された真理を、戒律を理解し」、全ムスリム人が守るべき義務をも学んだ。

アフガニスタンの山中で二人の友人が戦死して以来、ヤシヌは戦地に向かう意志をますます固め、その計画を着々と進めた。「そうだ。アフガニスタンで殉死した二人の兄弟は、ぼくたちより先に来世に行って、『彼らは何やってるんだ』と言っているかもしれない。彼らの勇気が、ぼくたちに来世への道を開いてくれた、と答えてやるよ。彼らはもういないけれど、ぼくらの闘志を鼓舞してくれた。彼らはぼくたちと同じ仲間で、ぼくのようにイスラームに改宗し、ぼくと同じ地区で生まれた若者なんだ」。

どこにでもいるような若者のタイプ

ヤシヌはムスリムでありながら、自分をイスラム改宗者とみなし、ジハードに参加するのは、憎しみのためではないと言う。それどころか、「コーランに書かれているように、戦いは、ムスリムの魂が嫌悪するものだ。戦地に向かうが、それは喜んで行くのではない。どの戦いも憎悪の気持ちをもって行なわれれば、失敗に終わる。それは神が受け入れないものなのだ。ぼくらが遂行しているすべての戦いは愛のためでしかない。愛とは、無知な人びとへの愛であり、真実を知らない人たちへの愛、被迫害者への愛、そしてぼくたちの家族への愛、神への愛、宗教への愛。預言者ムハンマドへの愛、啓示を受けたすべての預言者たちへの愛なのだ」。

ヤシヌの両親はモロッコから来た移民で、彼はフランスで生まれた。祖国への恨みのような気持ちは持っていない。しかし彼が大きくなったフランスは、彼が社会に同化するチャンスを与えなかった。ジャーヒリーヤ(原注2)と呼ばれる彼自身の「無知の時代」にはフランス社会に溶け込もうと思っていた。「ぼくたちは二つの文化のあいだで生まれた。フランスでは、移民の子と呼ばれ、モロッコでは外国人の子と呼ばれた。ぼくらは根なし草で、指針のないデラシネ世代。最初はフランスに溶け込もうとした。ぼくは移民の息子として望めるすべてを叶えられたけれど、所詮アラブ人であり、郊外で大きくなったということがまず障害になった。最初は理解できなかったが、今やっとわかった。もしこの障害にぶつからなかったなら、今ごろは無信仰者のままでいただろうね。フランス人と平等であるということこの社会で一生懸命やったとしても、それより先には行けなかっただろう。でも今日、ぼくたちに真のアイデンティティを与えてくれたのはイスラームなんだ。そう、ぼくたちのアイデンティティはイスラームであり、それには国境というものがない。それこそが神の力。それは神を思う自分自身のなかから生まれる宗教への帰依であり、親たちや社会に迎合するためではない。フランスが侮蔑してきたぼくたちに尊厳をとり戻してくれたのは、イスラームなのだ」。

屈辱感をもってジハードに加わるものの、ヤシヌは一度たりともフランス国内で市民にたいするテロを行なおうとは考えてないと言う。「罪のない人びとは殺さない。もし首長に、あそこに米軍基地があるから爆破しに行けと言われたら、ぼくは行く。狙いは軍隊なのだから、どち

原注2　ジャーヒリーヤ：イスラームにおける宗教的時代区分のなかの無明時代にあたり、預言者ムハンマドによって布教される以前の時代を指す。フランス人ジハーディストのほとんどは、イスラーム信仰がまだ浅く、最近改宗したばかりなので、彼らにイスラーム前時代の七世紀のメッカの住民たちの生活を重ね合わせ、預言者がアッラーの啓示を見出す以前の「無知の時代」をさす。

らにしても目的は死ぬことなのだから。もし頭に銃弾を受けるか、殉死作戦(原注3)に加わっても死ぬことにはかわりないのだから。あとはディーテールさ。でもムハンマドは言っていた。こちらに手を上げた敵以外には反撃しないこと、と。つまり老人や女性、子どもが道を横切るとき、何もしていないのに彼らを殺したりしたら不法行為になる。戦時態勢にあるとき、敵はこちらが戦時態勢にあることを知るべきだ。戦争と言うけれど、戦争は戦略にそって行なわれるが、戦略にも限界がある。ちょうどぼくが道を歩いているときに、誰かが背中にナイフを突き刺したら、それは卑劣な行為だ」。

ヤシヌから見れば、ジハードは戦地でなされなければならない。そして二〇一三年夏、二十六歳で彼は野望を実現した。当時、彼はパリ十八区のワンルームに住んでいた。家賃は高かったが、義歯の金属プレートを義歯床用に作る仕事に携わっていた。歯科技工士学校を出て、この職業に就き社会生活に適応していた。外見には表れないが、常に彼の内部で聖戦の炎が消えることはなかった。

彼の容貌は、郊外の若者の誰にでも似ていた。髪は短く、ひげはよく剃られており、ジーンズにスニーカー姿でイスラム教徒とは思えない容姿だ。「ぼくは全然目立たないし、外で目立たないようにしている。生活もすごく簡素そのもの。メトロ(通勤)・ブロ(仕事)・ドド(睡眠)の毎日で、家族と宗教があるくらい」。彼は背が高く、スポーツマンであり、好感のもてる青年だ。ヤシヌは路上でタバコを吸うこともある。イスラム教徒になる前に自分に許していたタバコと大麻の味を忘れるのに苦労していると言う。イスラームは喫煙を禁じているが、その癖が残っているおかげでタバコがカモフラージュの役を果たし、彼の素性を誰も疑わない。礼儀をわきまえ、愛想がよく、笑顔を絶やさない。ヤシヌはわざと郊外の若者が使う俗語を使っては皆を笑わせる。彼の何人かの友人が青少年犯罪で警察の世話になっているが、彼は警察署に一度も足を踏み入れたことがないと言う。断るのに難しい就職口のプロポーズが彼に寄せられた。義歯技工士として十年の経歴を持つ彼にアラブ首長国連邦の企業が、彼にドバイに二年滞在し、人工歯冠を削る技術やブリッジ、義歯用金属床などの技術を見習いたちに研修を行なうという仕事だった。給与は月五千ユーロ。「このとき、ぼくはアッラーがぼくの誠実さを試しているのだと思った。金だけがものを言う世界のデラックスな生活を選ぶか、アッラーのためにすべてを捨てる道を選ぶか。結局ぼくは自分自身でありつづけ、かまうものかと自分に言い聞かせ、出発することにした。アッラーへの愛のためにすべてを捨て去っても、アッラーがもっと素晴らしいものに替えてくれる。こうして自分自身の確信がはっきりしてきた」。この考えが、彼が何カ月も前から熟考していた計画と重なるのである。

ヤシムがシャーム地域(原注4)と呼びたがるシリアでは、国連によれば、内戦で二年間だけで一〇万

原注3　ジハーディストたちが、自爆テロとは言わず殉死作戦と言うのは、イスラームでは自殺が禁じられているからだ。

人以上の死者を出していた。

「フランス十字軍」と戦う

二〇一二年の夏、ヤシヌはサハラ砂漠南部サヘル地域にいる「イスラム・マグレブ諸国のアルカイダ」に合流しようとした。ムジャヒディン聖戦部隊が政府軍を破り、マリの北部を征服していた。首都バマコでクーデターを起こした軍人たちは、前線を守るよりも政権に固執していた。一方、ジハーディストたちは、入植していた西洋諸国人の残留品を戦利品として略奪したうえ、リビアでは内戦で殺害されたカダフィ大佐時代からの兵器庫を獲得し、ジハード勢力が無制限に肥えていき、二カ月足らずで北部の街を次々に征服していった。ジハードに加わりたいというフランス人青少年らは、ジハーディストらが勝利しながら前進するなかにアッラーの意志のしるしを見るのである。アルジェリア内戦以来、ムジャヒディン戦士が占拠してきたアドラール山[訳注4]から下山して来るや、制覇した土地に彼らが厳格なシャリーア法[訳注5]を適用させていった情景もプロパガンダのビデオで見る。そして同時にイスラム司法機関と宗教警察は音楽とアルコール類、タバコも禁止し、良俗の名のもとに女性たちに全身をおおうベールの着衣を義務付けた。そして、違反者には公共の広場で容赦ない体罰が施された。刑罰としてのむち打ち刑や手や片足または両足の切断、婚外関係を持った者または姦淫した者には八〇回のむち打ち刑、泥棒、単なる違反者にも投石刑が科される。西部アフリカのイスラーム・スーフィー教徒（訳注6）も背教者として罰せられ、すべてイスラム法の律法に従って体罰が科せられる。これらの体罰は各グループの情報班がすべてビデオに撮り、インターネットで公表される。どんな些細なこともらさないビデオ画像は、ヤシヌが抱えていた願望を燃え立たせるのだった。

しかしマリまでたどり着くのはそう簡単ではなかった。フランス人のなかでそれができたのは一〇人足らずだった。マリは数カ国に囲まれている国で、サハラ砂漠で活動するジハード・グループまで行く経路は複雑だった。幾人かのボランティアたちはチュニジアに行った。「でも当時はチュニスですごく待たなくてはならなかったので、そこに集まっていたフランス人青年たちを見るだけで、こちらがおかしくなりそうだった」と、イスラームに改宗したあるフランス人はチュニジア経由にがっかりしていた。しかし「戦士のチュニジア経由」というルートが一般化しはじめたのは、マリのジハーディストのゴーサインが出たあと、リビアに向かい最初

原注4　フランス語ではレバントと呼ばれ、シリアからレバノン、ヨルダン、パレスチナ、イスラエル、イラクを含む歴史的シリア地域（第一次大戦後、オスマン帝国が解体され、英仏によって植民地化された。一九二四年に共和国となったトルコは、オスマン家に残されていたカリフ（スルタン）の地位を廃止、カリファ（カリフ国）も消滅した。イスラム聖戦士はその復活を目指している＝訳者）。

訳注4　モーリタニアのサハラ砂漠、アドラール地方にある山。
訳注5　コーランとムハンマドの言行録を法源とするイスラム法。
訳注6　イスラム教の本質を認めるが、直接的な体験を重視し、神秘主義派とも呼ばれる。

の軍事訓練を受けてから、ガオやキダル、トンブクトゥ(訳注7)へと進んで行けたからだ。他の者は、多孔質の岩石がおおうチュニジアとアルジェリアの国境を越えて行った。また何人かはマリまで来るのに、モロッコ、そしてもっと遠いスーダンを廻って来る者もいた。もっと簡単に目的地に向かう方法としては、直行便でダカールやマリの首都バマコに舞い降りる方法もあった。そこから北部とフランス軍が駐屯している南部の間をつなぐ連絡バスが運行している。ヤシヌの周りにいたフランス人のなかの二人が「フランス十字軍」にたいして戦うために、マリの北部に向かおうとしていたときに兵隊の尋問を受けた。一人はフランス警察のブラックリストに載っていたため、北部に向かう寸前にマリ警察に逮捕された。彼はカリファという偽名のパスポートを持参していた。この偽名がヤシヌを笑わせた。「カリファと呼べば、イスラム大国カリファ(訳注8)を意味するのにさ!」。ともあれ、フランス軍の特別部隊がサヘルのジハーディスト攻撃を開始した時期だけに、ヤシヌはマリのことはもう頭になかった。「ジハードをもっとたやすく、優先的にやる」には、彼に手を差し出しているシリアに行くことだった。

訳注7　トンブクトゥ:西アフリカのマリ共和国内ニジェール川中流域の都市。マリ帝国、ソンガイ帝国時代に栄え、「黄金郷」として知られた。ガオもニジェール川中流域の町。キダルはその北にある町。

訳注8　オスマン帝国滅亡後、スルタン(=カリフ)制も廃止されたが、〈イスラム国〉は、ムスリム共同体をカリフが統治するカリファの再現を目指す。

2　ジハードのためのクレジット

「預言者は言っている、もし現世で雪の中を這って行かなくてはならなくてもそうするべきであると。現世で殉死する者は誰でも被創造者のなかで最良の殉死者になれるのだと」

今日、ジハーディストが支配する地域、アフガニスタンやパキスタン、ウズベキスタン、ボスニア、チェチェン、イラク、イエメン……などの地がフランスの青少年たちを引き寄せてきた。しかし、現在のシリアほどではなかった。

ヤシヌにとって、「シリアは最も正真正銘のイスラームの地であり、シャームの重要性について知って以来、ぼくの視野からマリは吹っ飛んでしまった」。数カ国からなるイスラーム究極の地、シャームに憑かれたかのようにコンピュータの前で夜から朝方まで、ときには涙ぐんでその発見に感動するのだった。何時間も、インターネットで、イスラム武装グループのプロパガンダとアサド・シリア大統領政権の政府軍による残虐な弾圧場面を映したビデオ画像を彼はむさぼった。

ウェブは、シリアをシーア派の一分派、アラウィー派の抑圧から解放し、『地上でのジハードの基地』(原注1)にすべきだという宗教的記述をコンピレーション（編集）して発信する。アラウィー派は(訳注1)「ユダヤ人やキリスト教徒よりも不信仰者」とみなされる。スンニ派のジハーディストたちにとって、アラウィー派はアサド大統領も含め、絶滅させるべき背教者たちなのだ。ヤシヌから見れば、シリア問題はいとも簡単だ。シリアでムスリムがシーア派に虐殺されたのだから、当然ジハードが取り戻すべき地なのである。

他の理由として、どうしてシリアが全世界のジハーディストを引きつけるのか。それはつまり、第一次世界大戦後、イギリスとフランスがオスマン帝国を解体したから、シリアこそ文字通り、イスラム大国カリファ（カリフ国）復活の地とみなされているからだ。

ヤシヌや他のアルカイダ戦士にとって、啓典に記されている黙示的舞台シリアについて、「コーランの中で預言者は、神に祝福された地、シャームについて何度も何度も語っている。『かの地でくり広げられている聖戦こそカリファ復活の予兆であり、シャームは、カリファを輝かせる炎の火花となる』と」。シリアは、多くのハディース（ムハンマドの言行録）の中に出てくる。

「さらに預言者は述べている。『戦士たちはイラクやイエメン、他のシャームの国々で戦うときが来るだろう』と。使徒たちはムハンマドに聞いた、『その頃にわたしたちが生きていたとしたら、どこに行けば良いのですか？　預言者様』、預言者は同じことを三度くり返した。『シャームに行け、シャームに、シャームに行け。なぜならそこが神の祝福を受けた地だからだ』。それで預言者が例外なくシャームに行ったのだ！　その地は、アッラーの天使たちの羽根におわれている、神の祝福を受けた地なのだ！」

原注1　インターネットで『地上でのジハードの基地、ダマスカス』という資料を検索できる。

訳注1　シリアの地中海沿岸に分布するイスラム教シーア派の一派で、スンニ派が多数を占める地域の宗教的少数派。

シリアのジハーディズムは、時代の終焉を予告するものとして、救世主の地上への回帰、そして歴史の終末論をもって構想されている。したがってジハーディストらにとって、アサド・シリア大統領の失脚は、シャリーア法を適用するカリファ樹立への第一歩でしかないのである。カリファの首長カリフは、神が現世に送った者ではなく、選出された者であり、アッラーの使徒マフディ（訳注2）は、ムハンマドの子孫であるとともに最後の導師である。ジハーディストからみれば、マフディの到来は、預言者イサ（イスラームでのイエス・キリストの意味）の地上での復活に先行しなければならない。マフディ自身が偽救世主（ダッジャール）（訳注3）にたいする勝利の後に黙示的終末論を説いた。ヤシヌのように多くのジハーディストは、現在シリアで戦っているジハーディスト部隊からマフディが現れると信じている。「しかし、それがすぐに明らかになるのではなく、彼自身も彼がマフディであることを知らない。アッラーは一夜にしてそれを明らかにする。その前日でさえ、マフディは自分自身はイスラム教徒である資格もないと言う。彼の使命はシャームにカリファを復活させることなのである。そして彼の軍隊はトルコに向かい、コンスタンチノープルを征服してからエルサレムを制覇する。そのあとパレスチナを解放する。西洋諸国は彼らを無敵軍隊とみなすだろう」。

ヤシヌは、自分が生きているあいだにこれらの預言の目撃者になれるか確信はない。戦いは長期にわたり、彼が考えるには、第三次世界大戦を予想させるのである。「敵はシャーム地域に攻め入れば、最初の敗戦となるだろう。アサド政権が全滅すれば、カリファが復活し、すぐに実現しなくてもその試みがはじめられる。しかし西洋諸国や米国、北大西洋連合諸国、イスラエル、中国、そしてロシアなどは、カリファの樹立を認めないだろう。そこでハディースが真実性を持つようになる。それはムハンマドが預言したように、四〇種からの軍旗がなびき、一つの軍旗ごとに一万二〇〇〇人からなる軍隊がシャームのムスリムたちを攻撃する。それは終末的戦争であり、嘘と真実との相克、新しい世界構成とカリファとの世界大戦になるだろう」。ジハード信奉者によれば、世界の列強国連合軍とカリファとの戦争は一年以内、または一世紀以内、一千年以内にシリアで起こり、最後は世界の終焉に至ると言われている。その黙示的時期に、マフディの軍隊と共に戦った真の戦士だけが来世の楽園に行けるのである。他の者には業火（地獄）が待っているという。

ヤシヌが疑うことのないこの預言をインターネットで見つけて以来、シリアの戦地で殉死することは引きのばせない急務と考えられたのである。「預言者は言う、『もし現世の雪の中を裸

訳注2　救世主を意味する。
訳注3　人々を悪に誘う偽予言者。

で這って行かなくてはならないとしても、そうするべきである』と。そうしない者は、神が決して許さないだろう。でも戦地に行く者は誰でも神がすべての罪を許してくれるだろう。戦地で死ぬ者は誰でも被創造者のなかで最良の殉死者となれるのだから。ぼくなら、最初の日にでも頭を銃弾で撃たれて死にたい。来世の楽園を想うとうずうずしてくるのだ。殉死することは来世の楽園にＶＩＰとして行けるのだ」。ヤシヌはこれらの言葉を暗記していた。「殉死者の魂は、アッラーの玉座を飾る灯の中にいる緑色の鳥の中に存在しつづける。鳥たちは楽園を自由に飛び回り、夜になるとアッラーの玉座の灯の中に舞い戻る。預言者は、殉死することにたいする七つの報酬を挙げ、こう言った。『彼自身の最初の血の一滴が流れ出るや、彼は許される。彼は墓が与える懲罰からも免れられる。殉死すれば来世の楽園に自分の場所を見出すことだろう。最後の審判にたいする恐れからも逃れられる。輝けるダイヤがちりばめられた荘厳な冠が彼の頭に置かれることであろう。その一つ一つのダイヤモンドは命よりも、現世のどんなものよりも尊いものになるだろう。そして業火に送られかねない彼の身内の七〇人を救えるよう、とりはからうこともできるだろう。殉死するときの苦痛は、蚊に刺されるくらいにすぎないのだ』」。

ヤシヌは殉死することによって、金銭に執着したことの罪が浄められると思っている。「ぼくはあまりにも多くの過ちを犯し、無知で考えることもせずどうしようもなかった」。以前は、イスラームなんかよりも、ラップを愛し、友人たちとの集まりで毎日が埋まっていた。彼はたいした犯罪も犯していなかった。ただ郊外の若者たちの退廃的風俗に染まり、セーヌ・サン・ドニ県の公団住宅の集まる団地で生まれ育ち、ラップを楽しみ、はでにふるまい、仲間とたむろし、呑んだり、大麻を吸ったり、女の子をナンパしたりしていた。「フランスの教育を受けたのだから、フランス人同様に暮らしていた。つい最近まで学校に通い、夜は外に遊びに行き、アルコールに浸り、大麻などを吸っていた。でも、ぼくたちの心のなかにはいつもイスラームがあった。迷ったときなど、母親よりもイスラームのほうが力があると思った」。彼の両親は、八〇年代にモロッコから移民してきた。彼には伝統的なイスラム系私立校の教育を受けさせた。キリスト教徒の生徒がカトリック教理を学ぶように、コーランを学ぶ学校に通った。「イスラームを学ぶのはいい。でもイスラーム・ライト（穏健派）。ぼくは敬虔なほうだった。でも目標は、郷里に自分の家を建てることだった。イスラームでは禁じられているけれど、シリアはぼくの国ではないから問題ないんだ。ナショナリズムというものが、コミュニティを破壊してしまった。ムスリムが持つ唯一のナショナリズムは信仰さ！」。十八歳になるまでは敬虔というものは彼にはなかった。「信仰するようになる以前は、禁欲主義とはほど遠いドニア（原注2）の輩だった。夜はバーに通いアルコールに浸っていた。来世のことについて考えることもせず、地にへばりついていた。ぼくにとっての来世とは、身近なものであり、物質主義者の目で見るだけで、精

原注2　ドニア：物質主義者でイスラームと矛盾する快楽を求め、宗教から遠ざかり、到底来世の入り口にも行けない。

神性の伴わないものだった。以前は来世のことを考えたこともなく、目先のことしか考えなかった。今はすべてを放棄した」。

ラップを捨てる

精神的きっかけとなったのは、アフガニスタンに行った二人の友人の殉死を知ったことだったが、彼が初めて結婚したことでもあった。「彼女は百パーセント、フランス人だがイスラームに改宗した。どこまでもフランスのイスラム教徒だ。つまりイスラームに改宗したフランス人女性。悪くはないさ。いいスタートだと思う」。「アッラーの教えにしたがって」、恋人同士は三年間交際し、宗教にそって結婚式を挙げた。フランスの真のイスラム教徒でないムスリムや無信仰者のように市役所、またはモスクで式を挙げることには反対だった。「ぼくたちは自宅で宗教的儀式で式を挙げた。なぜなら無信仰者が統治する市役所などは認めていなかったから。当時、ぼくはまだ完全にイスラム教徒ではなかったけれど、少なくとも国家機関を認めていなかった」。

ヤシヌの信仰に妻の影響はほとんどなかった。が、カップルで生活することによって、通俗的な快楽から目をそらし、生活に安定感を覚えるようになった。「なぜなら結婚する前は、女の子に会うために外に出ていた。でも妻がいれば、そういうことが全部意味がなくなるのさ。以来、自分に集中し、本を読み、インターネットでビデオを見て、ウサマ・ビン・ラディンの説教に耳を傾けるようになった。メディアは頻繁にビン・ラディンのことを取り上げるが、本当に彼がどんなことを言っているのか、誰も説明してくれなかった。誰もが『彼はテロリストだ』とだけ言う。しかし彼の言うことを聞くと、非常に誠実で、理にかなっていて、論理的であり、真実なのだ」。ヤシヌは自分一人でイスラームの基本を理解したのだが、家族は彼の考えをどうにかしてそらそうとした。すべての真面目なジハーディストのように、彼は通俗的な快楽から解放されるために、俗世界における一種の異邦人《エトランジェ》になろうと努めたのである。

まず、音楽を禁じるイスラームの規律にそって、ラップミュージックを自分の周りから排除した。「よく考えてみたら、音楽はぼくたちの言うことも無意味なものにしてしまう。まるでぼくたちをギニョール（操り人形）みたいにしてしまい、CD製作会社などに操られているんだ。ラップの誘いがあっても、ぼくたちにドラッグやストリート、女の子たちを売春婦のように仕立ててラップしろと勧められるのだ。『ウイ、そのとおり、才能あるよ、ラッパーのいいセンスを持ってるよ。ヒットさせたいのなら、宗教のことはもう忘れて、自分を解体させてしまい、ストリートや暴力、麻薬密売などについてラップすればいいよ』と」。しかし、「それはぼくの生き方じゃない！　今まで一度も麻薬のディーラーなどになったこともないし、誰かに暴力をふるったこともない」。一時、ヤシヌは髪とひげを伸ばしはじめたが、あまり目立たないようにするためにひげを剃ってしまった。それから数年間は妻と平穏な生活を送った。その後、シリアのイスラム武装グループのところに行くことになる。

毎朝銀行に行く

妻は、シリアまで夫のあとに付いて行きたかったが、病床に伏している母親をおいていく勇気はなかった。が、ヤシヌの気持ちは決まっていた。すべてから離れる気でいた。妻を愛していたにもかかわらず、宗教的にも離婚する準備をしていた。ジハードに寄せる気持ちのほうが強かったのだ。ドバイからの求人募集に応えるためと言って職場も辞職した。数日後にアパートを引きはらい、母親のアパートに身を寄せた。彼は計画を隠そうとするが、息子を支配している宗教的イデオロギーを知り抜いている両親は、彼の急激な変化に不安を覚え、両親と彼の兄とが一緒になって彼がシリアに行かないようにと説き伏せようとした。家族たちが何も理解していないことで、彼は腹が立つどころか、食欲もなくなり数キロ体重を失う。家族たちがどんなに説得しても、彼の気持ちをひるませることはできなかった。今度こそ諦めるなんて問題外だった。最初に行ったアフガニスタンやマリのときとは異なり、ずっとよくオーガナイズされていた。近親者と別れるとき、彼の感情が昂ぶって身体が硬直してしまうのを恐れた。結局、家族には何も知らせずにパリを発ち、まずリヨンに向かった。彼は置き手紙として、シリアに向かうことを知らせる簡単な詩を書き残したのだった。南仏のブーシュ・ド・ローヌ県では、インターネットで知り合った二人のモロッコ系フランス人の友人が家族と暮らしている集合アパートにたどり着いた。シリアには一緒に飛行機で行くことにした。

彼ら二人のムジャヒディン戦士は妻子と共にシリアに向かう。今は独身に戻ったヤシヌは、離婚した女性でシリアのジハードに行くという女性から、既婚女性でないと行けないので、再婚してくれと求められる。最初の妻と宗教にそって離婚したばかりで、この女性とは数時間前に出会ったばかりだが、躊躇せずに再婚することを受け入れた。「仲間が紹介してくれたとき、『この女性はシャームに行く用意ができているのだが、女一人では行けないから、男が必要なんだ』と言われた。神のおかげで、彼女と出会い、すごくうまくいっている。ぼくより十歳年上だけれど。彼女には二人の子どもがいて、女の子だけど、全然問題ない。すべて簡単。イスラームには何も難しいことはないのさ、兄弟！　アッラーがすべてを解決してくれる！」。二度目の結婚も、市役所にもモスクにも行かずに、アパート内で仲間が花嫁の後見人として、彼の保証人二人が集まって数分で式が行なわれた。再び妻帯者となったヤシヌの悩みは、お金のことだった。何故ならシリアのジハードに妻子を連れて行くとしたら、ある程度の資金が必要だったからだ。

出発前の一週間、ヤシヌは毎朝銀行に行き、口座の残金を全額引き出す必要があった。歯科技工士として貯めておいたお金がおよそ一万ユーロ程あった。将来の戦士は、世界のムスリムたちが連帯のために送ってくる支援金を期待することができた。だが誰でもがジハードに行けるわけではなく、各々が資金を持ち寄る必要があった。それが来世に行ったときの報償となるのだ。「自分の持っているものでジハードに参加する」ということだった。「アッラーが、神への道を行く者の安全と豊饒を約束すると言うとき、必ず約束を守ってくれる。ぼくはもう働いてないのに、これほどのお金を見たことがない。でも今はアッラーのために生きている。全世界の兄弟らが送ってくる支援金が神を介してぼくらの手に届くのだ、同志!」。たしかに彼らがジハードのためにシリアに発つと発表されて以来、フランスだけでなく外国からもイスラームの兄弟たちが寄金を送ってくる。ベルギーやスイス、ドイツ、オランダからも送金されてくる。フェイスブックや口コミによる送金もある。なかには一度も使っていない小切手帳と共に身分証明書も送ってくる者もいる。『好きなように使ったらいい。警察には盗まれたと言うから』と言うのだ。でもいちばん役に立つのは、〈戦利品〉だった」。

シリアで忠誠を誓う

コーランの啓典には、戦利品は伝統的に預言者の言う略奪品の中に含まれ、厳密に定められている。ヤシヌらは、彼らなりに啓典を解釈し、消費関係のクレジット会社、例えばソフィンコやコフィディス、さらにシリアでジハーディストが借りている建物の誠意に欠ける家主などをターゲットにした。これらのクレジット会社が、ほら新型のカナッペ（寝椅子）だ、ほらPSP画面だ、と家族たちの購買欲を煽るのでクレジットの支払いは溜る一方だ。こうした相手には目には目を、歯には歯を、というタリオン法(訳注4)を実行する。このような詐欺はあまりにも簡単だった。「ぼくらは会社を持っている仲間と組んでやるから簡単だ。偽の給料表により架空の被用人をでっち上げ、給与額を高くし、複数の銀行に口座をつくる。こうしていくつかの口座を持ち、同時にクレジット会社と契約を結び、それらを現金に換えてずらかる。これこそ戦利品であり、許されるものなのだ」。インターネットでの説明によると、それは盗みではなく、「無信仰者のものを盗むことは許され、それはジハードのためになるのだ」(原注3)。また同グループは財政を補うために高級車や四輪駆動車をリースで購入し、そのあとすぐに低価格で転売する。こうしてヤシヌのアパートには札束が山と積まれ、彼はそれをビデオにとる。「そのあと、シリアに経済的にどうやって行けるか迷っている若者たちにその画像を送ってやり、ぼくらの日常や札束もビデオに撮り、アッラーは約束を守ってくれたのだと伝え、彼らが行動を起こしたくな

原注3　「無信仰者のものを横領すること」はウェブにも出ている、アラビア半島のアルカイダ（AQAP）の二番目の指導者アンワール・アル・アウラキの言葉。

訳注4　タリオン法：紀元前一七九二年〜一七五〇年、バビロニアを統治したハンムラビ王が発布したハンムラビ法典にあるとされる。

るようにする。シャームに着き、僕らの無法者の兄弟たちのもとで安全になったら、それらをすべてオンライン化する」。

集まったお金は共同金庫に納められ、グループのメンバーに均等に分配される。資金は戦士の各家族がシリアに落ち着き、最低一年間の生活を営むために遣われる。

旅立ちは、普通の観光客のように、まず飛行機の予約からはじまる。「怪しまれないように」、三つのグループに分かれ、各自が妻子を連れて別々にパリから発った。「グループで空港を飛び立ったら、どうなると思う？　それからトルコは不思議だな、まるで西洋の国みたいさ。そこで往復券を買って、ホテルを予約すればいい。レンタカーも問題なし。たしかにぼくらは不法入国者だから、目立たないようにしなければならない。申告しなければならないなら、そうするだけだ。だがぼくらの目的は正しいのだから、アッラーはぼくらを逮捕する者の目をくらますことができるだろう。神はどんなことでもできるのだから。神は天と地を創造したのだから、人びとにぼくたちの姿を見えなくさせることもできるのだ」。各自がトルコ南部の町ハタイまたはシリアとの国境近くのアンティオッシュのホテルに二週間は滞在しなければならない。今日、これらの町は世界からジハードに向かうためにやってくる聖戦士たちの中継地であり、ホテルのプールで休養しているところに、手引き人が彼と家族を迎えに来てジハード系反乱グループのいるシリア側のアレッポの一地区に連れて行く。二〇一三年夏、一年前から、激しい交戦がつづいているこの地区で、ヤシヌらが知っている数人のフランス人戦士が待っていた。彼らはじきに親しくなった。誰もアラビア語を話さなかったからだ。それはたいした問題ではなかった。彼らがシリアで忠誠を誓うべき首長も、じつはフランスで大きくなり、アラビア語は話さなかったからだ。

ヤシヌはアレッポ到着後の数日、軍事訓練に送られる前に、カラシニコフを抱えて撮った写真をフェイスブックにアップロードした。そのカラシニコフはソフィンコとコフィディスのクレジットで購入したものだった。数カ月前にフェイスブックのこのページのため、彼はパリの国内情報総局(訳注5)(DCRI)の尋問を受けたのだった。疑いは晴れたわけではない。

「ぼくは朝九時から夕方六時まで取り調べられた。そのあいだ次々に違う捜査官がまったく同じ尋問をする。ぼくが同じことを言うかどうかを確かめるためだ。全部で一五人くらいが同じ質問をした。ぼくにたいして何ら疑いがないのに、さらに地下室でも尋問がつづいた。壁に付けられた手錠をはめられた。まるでぼくが逃亡すると思ったのだろう。ぼくは肩が痛かった。捜査官は一言、『これは簡単な手続きにすぎない』と言うだけ。警察から出るや、ぼくは『い

訳注5　DCRI(国内情報総局)はサルコジ前大統領が内相時代に設置したが、二〇一四年四月、ヴァルス内相(現首相)は「国内の治安」を重視し、DGSI(国内治安総局)と改名。

まに見てろ。ぼくがどんなに怯えたか、あとでわからせてあげるから』と自分に言い聞かせた。そのあとぼくは頭を刈り上げ、ひげも剃り、誰にも見分けられなくした。警察に出頭したときは、たしかにひげを生やしていたから、丸坊主の頭を見れば、ぼくが変わったと思うはずだ」。

ヤシヌは、拘留されたばかりのハンザを知っていたことと、フェイスブックに『シャームへの旅立ち』という遺言的ポエムをアップロードしたから警察に出頭させられたのだ。このポエムは、多くのジハード応募者の気持ちと通じるところがあり、ウェブでの検索数が急増した。「どのくらいの将来の戦士たちが、家族への置き手紙としてこのポエムを再利用したかわからないけど、ぼくはその中に自分の胸中を全部込め、感じていることを言葉にした。なかでも『お父さん、お母さん、これでお別れです』と書いたことが捜査官に疑いを与えたのだと思う。それからはシリアに発つ前に仲間たち全員がこのポエムを両親に置き手紙として残したという。なかにはこの詩を読み上げるところをビデオで撮ったり、オーディオに自分の声を録音し、またはディクタホンに録音してから、シリアに発って行った。まるでこのポエムが原動力になったかのようだ。なぜなら多くの青年たちは両親に本当のことを話しにくかったからだ。ぼくは『神のおかげで』という文章をつづる能力をアッラーが与えてくれたから、この短い詩のおかげで彼らのコミュニケーションも、彼らの家族との別れもたやすくすることができたのさ」。彼自身も発つ前にこの遺言的ポエムを彼の部屋に置いてきたのだった。

シャームへ発つ

絶望と望み、渇望と忍耐、お父さん、お母さん、これでお別れです。

最後の審判の日、あなた方は誇りに思うでしょう、あなた方が業火（地獄）に送られないようにぼくがとりなすのですから。

あなた方の頭に輝ける冠が置かれるでしょう、あなた方が愛し、あなた方を愛している人たちと共に永遠の楽園にお入りください。そうして忠実な信徒は神に報われるのです。

きょう、ぼくの目から川のように涙が流れ出てきます、そして背に翼が生えてくるのが感じられるのです。

サタンはぼくを嫌っています、なぜなら鼻の前に人参をぶら下げるロバにはなれないからです。

もしぼくが死んだら、カメル（ヤシヌの妹で兄のシリア行きに反対した）に、ぼくの墓の前で次の文を読み上げて欲しい。「妹よ、きみは苦しみをあまりにも感じやすい、弟よ、きみは反対しないと思う、ぼくは現世を去って、主に喜んでもらうために主のもとに駆けつけます。

お母さん、ぼくでなく他の青年だったらと思うでしょう、苦しんでいるでしょう、でもいつかわかるでしょう、神のご慈悲によってぼくの苦しみも和らげられることを心より願っています。

宮殿とブドウの木からなる来世の楽園に入って、珍しい真珠におおわれ、純粋な果汁の香りがしみ込んだ長椅子にひじをつく、この夢の楽園が誰にでも分け与えられるのです。兄弟姉妹たちよ、現世の暗闇から光の国に行けるのだ。辛抱と忍耐、今の地は最終の地ではないのだから!


創造主は、わたしたちを母親以上に愛している。最後の審判がなされ、われわれを痛めつけた者たちは全員業火のもとに送られる。

彼らの表情は暗くなり、舌には苦しみの味しか残らないであろう。

弱き兄弟たちの顔は輝きに満ちあふれるであろう。

彼らは毎晩、眠りから引き離されて神への祈りを欠かさないであろう。

顔面にあふれる涙は、何本もの川の線を描く。


二〇一三年七月にシリアに来たヤシヌはイスラム名、セイファアラー(アラーの刀)という戦士名を選んだ。アフガニスタンで殉死した二人の友人がしたように、彼は他の戦士に近親者の電話番号を知らせた。万が一のときに彼の訃報が知らされるように。

3　妻子と共に

「わたしたちの子どもを無信仰者の国、フランスに留めておくことは犯罪だ。シリアで空爆に遭おうともここには残しておけない」

家具も全部引き払ったアパートの中で、クレマンスはノスタルジーを感じざるをえない。残っているダンボールが唯一、食卓代わりになっている。彼女と夫のスレイマンは持ち物を、愛用してきたナイキのエアマックスシューズや、自分で組み立てたイケアの家具も売り払ってしまった。それからはまるでキャンピング生活となる。「キャンピングみたいだけれど、生活用品を手放すのはすこし淋しい。それらはその場かぎりの物だけれど、感傷を誘わないでもない。家具のなかには、わたしがヤスリをあて、ペンキを塗ったものもあるし。でもここでのどうでもよくなった物質主義的な生活を葬らなければならない」。その日、クレマンスと夫は、すこし苛立っていた。「中古品の買い手らは、わたしたちが急いでいるのを知っているから、最後の一サンチームまで値切ろうとするの」。彼女にとって、今まで送ってきた生活を諦めるのは、そう簡単ではなかった。「ここで期待していた生活を途中で断念するのは辛い。それは衣類からテレビ、壁の色なども束の間の幻想でしかなかったかもしれない。わたしたちにはあまりお金がなかったから、今日はこれ、明日はあれ、と小さな夢を実現することに追われていた。内装にもお金をかけたのにと思いながらも、シリアに発ちたかった。たしかにわたし自身、真面目ではなかったと思う。ここで暮らしたい気持ちと、『ここでの生活を堪能し、カナッペも家具も、ステンレスの乳母車もすべて持って行けるならそうしてもいい』と思っていたから。そのあと気持ちが落ち着いて、たいした問題ではない、バカげている、と思えたの。でもかなり強烈な感情にふり回されていたのはたしか」。中古品の売上高はやっと一〇〇〇ユーロくらいにすぎず、彼女の「感情の高まり」を静めるには十分ではなかった。

「十五歳の弟でさえシリアに行ったのだ！」

クレマンスとスレイマンは負債があるわけでもなく、借金の取り立て人に追われているわけでもなかった。だが、彼らの生まれた国、「無信仰者の国」フランスからイスラームの国に移住することに決めた。ジハードの地以上に良い場所が他にあるだろうか？　日常的なシリア政府軍による砲撃や化学兵器による脅威、連合国軍の空爆にもかかわらず、夫婦はシリアのアレッポに落ち着くことにした。技術工だった二十四歳のスレイマンがシリア行きを思いついたのは、フェイスブックからだった。「きっかけというのはバカみたいだけれど、イスラームに改宗した若い女性の姿をビデオで見たときだった。彼女は独身で、裁判問題が片付いていなかったが、シリアで結婚するために一人で現地に向かった。彼女をビデオで見たとき、ぼくは恥ずかしかった。彼女はシリア行きを実行したのに、ぼくには何の言い逃れもできない。そこで隣の部屋にいた妻に、『きみも行きたい？』と聞いたら、彼女も同じビデオを見てピンときたのだ。翌日ぼくはパスポートを申請し、準備をはじめた。インシャアッラー（アッラーの御意志なら）、日曜日に出発する」。失業中の二十三歳のクレマンスはこのビデオを見て、「わたし自身に焦点が当てられているようなの。信じられない、まるでハリウッド映画みたい。彼女は飛行機に乗って一人で発って行き、現地で一人の聖戦士と結婚したのね。わたしたちと同じように考える人には、シリアに行くのはいとも簡単だわ。彼女は自己防衛のために銃を使うことも学んだけれど、攻撃部隊には加わらない。でも必要となれば前線に行かないともかぎらない。わたしたちの妹なのだから、彼女にはやれる」。親しい者がすでにシリアにいるということは、彼女にも夫にも現地に行くことが現実的に思えてくるのだった。「彼女や他のフランス人青年は、アフガニスタンの岩穴で暮らすパシュトゥーン民族とは違うんだ！　ビデオで見る彼らがひどく身近に感じられ、現実的にほんとうに兄弟姉妹と思えてくる。彼らはぼくたちと同じフランスで生まれ育ち、同じ文化を持っている。シリアに行っている彼らは、以前はぼくたちと同じくラップミュージックを夢中でむさぼった青年たちなのだ。ぼくには何の言い訳もできない。戦っているパキスタン人を見ればいい、彼らは戦い方をよく知っている。ところが、フランス人やベルギー人となると、まるで違う。まだ十五歳の少年も出発しているのだ！　まだ少年なのに！　それをビデオで見れば、ここにじっとしているわけにはいかない。進路はすでに引かれている。どんな言い逃れも通用しない」。

缶ビールを片手に、大麻を指に

他の者が選んだように、スレイマンはパキスタンとアフガニスタンが隣り合う地域を目指したが、目的地にたどり着くための道順は見つからなかった。以前はカトリック教徒だった妻がイスラームに改宗したように、彼は最近、福音派のように「再生」イスラム教徒になったばかりだ。フランス人の母親とチュニジア人の父親は離婚しており、二人とも無神論者だ。彼は二人の兄弟と共に不安定な幼少時代をいくつかの里親家庭や施設で送っている。この四年間、郊外の低家賃公団住宅地区で不良少年として過ごした。「下らないいたずらや、盗み、暴力、様々なまやかしなど。でも今はもうしていない。刑務所には行ってないし、ガキがやるようなことをしていただけで、実刑まではいかずに執行猶予だけさ」。彼の兄弟はもっと重い罪科を負っている。上の三十歳の兄は、青年時代から何度も強盗をはたらき、合わせて十年の懲役刑を受けている。十八歳の弟は、長男と同じ犯罪で五年の懲役刑を受けた。スレイマンは兄弟が背負う数々の前科について諦念せざるをえなかった。兄は、服役中にイスラム原理主義者、サラフィスト(訳注1)に洗脳されたが、じきに止めた。それから彼はスレイマンに多大な迷惑をかけることになる。「そのあとがたいへんだった。彼は重そうなひげを生やし、カミーズ（アフガン‐パキスタン男性の服）をまとっていた。たぶん洗脳されたのだろう。頭がへんになっていた。ぼくは彼とすこしのあいだ一緒に暮らしたけれど、彼は宗教を完全に捨ててアルコールに溺れるようになった。以前よりもっとひどくなった」。

訳注1　サラフィー主義者。現状改革のうえで初期のイスラームを規範とし、それに回帰すべきであるとするイスラム教スンニ派の思想。シャリーア法を厳格に施行する。

スレイマンのイスラームへの回帰は、長いあいだ実存的な自問をつづけたあとだった。「ぼくは子供時代から、いろいろなことを考えた。どうしてわたしたちは生きているのか、地球は何なのか、どうして宇宙の中央に火の塊、太陽と惑星があるのかなどを、考えつづけたものだ。もちろん少年期には、ぼくと同じアラブ人青少年たちと街をうろついていた。彼らからいろいろなことを学んだけれど、彼らはぼくと同様に目的も何も持っていなかった。一人はこれを知っていて、もう一人はあれを知っているというように。宗教などからはほど遠く、ただ親や家族から伝わる文化というやつ。そこでぼくはラマダンをし、意識的ではなかったけれど豚肉は食べずに過ごした。でも実際には全然楽しくなかった。外を出歩かないというはっきりした目的もなかった。絶えず自分に質問し考えつづけた」。誰でもが簡単に同化できるので、イスラームは宗教のなかで最も改宗しやすい宗教かもしれない。精神的に瞑想することも、キリスト教やユダヤ教のように何年も教義を学ぶ必要もない。証人の前でコーランの五行《ごぎょう》(訳注2)の一つ、信仰告白〝シャハーダ〟(アッラーのほかに神はなし。ムハンマドはアッラーの使徒である)を唱えるだけだ。ある日、重傷を負ったスレイマンは病院の担架の上で、初めて〝シャハーダ〟と声を出して言った。「下らないことでぼくは喧嘩をしてナイフで刺され、死ぬところだった。すごく痛かった。担架の上で〝シャハーダ〟とくり返して祈った。自分を信じていたから、しなければならない、しなければならないと自分に言い聞かせ、一年後には祈れるようにもなり、シャハーダを実行できるようになった」。退院してから、このような体験があったにもかかわらず、彼は高層アパートの足下にたむろし、缶ビールを離さず大麻を吸いながらじっとしていた。「ある日、コモロ諸島[訳注3]出身の友人とぶらぶらしていたときに、宗教のことを話し合った。ぼくらはハラーム（イスラームで禁じられていること）をしているのだ。ぼくはがっくりきたな。ぼくは彼を元気づけ、提案した。『さあ、モスクに行って、学ぼう。もうバカなことは止めよう』、彼は『オッケー、行ってもいいよ』と言ったのに約束した日には来なかった。それでぼく一人でモスクに行った。そこで、〝マーシャアッラー〟（アッラーが望まれた）友と出会い、彼と親しい仲になり、いろいろなことを教えてもらった」。そのあとはインターネットが導いてくれた。「すべてインターネットとビデオのおかげで、アルカイダの理想を直接学ぶことができたのだ」。

内輪の結婚式

ウェブにより彼はクレマンスと知り合うことができた。彼らの考えは同じだった。チャットを交わしたあと、宗教的に結ばれることを決めた。しかしフランスのムスリムが行くモスクは信じていないので、それ以外のところで式を挙げたかった。「聖戦士のメッセージに触れる前

訳注2　コーランの根幹をなす六信（信仰箇条）と五行（五つの信仰行為：信仰告白、礼拝、喜捨、断食、巡礼）。

訳注3　アフリカ東南部にあるマダガスカル島とモザンビークの間にある諸島。

までは、もちろんモスクには行ってたけれど、ぼくが通っていたモスクで聞く説教と聖戦士らのメッセージは折り合わないということがわかった」。スレイマンは一つの例として、二〇一二年の大統領選挙のとき、多くのイマーム（指導師）が投票するようにと奨励したと言う。「大統領選挙のたびに吐き気をもよおすのだ。よくわからないけれど、人びとを愛しているからなのか、無信仰者たちに希望を寄せているからなのか、政治に期待しているからなのか。ムスリム住民に投票するようにと呼びかけたり、候補者を支持したり、ある候補者のために活動したりすることが理解できない。投票することを呼びかけることは強い行動であって、まるで投票することが市民であることの証しであり、礼拝に行くみたいで、どこか歪んでいる。彼らは皆、似たり寄ったりの偽善者でしかない……。彼らと一緒にモスクに行くのが嫌になり、モスク通いは放り投げ、以来自室で祈っている。ただ金曜日だけ行くのは、神の懲罰を受けたくないからで、それもいやいやながらだけれど」。

政治面では、民主主義は無信仰者のものであり、シャリーア法とは折り合わない。法律は人間が制定したものだから、啓典に基づくイスラム法とは相入れない。聖戦士は、選挙に投票するとイスラームから破門されると考えている。このイデオロギーにおいて、〈契約と否認〉（訳注4）（ワラーとバラー）の教義は、弾圧されるムスリムと団結するようにと信徒に呼びかけ、無信仰の弾圧者と一線を画し、必要なら武器をとらなければならないと命令する。民主主義および非宗教国家との協力は、イスラム教ではすべて「無効」になる。したがって税金や種々の社会保障も同様に無効となるが、ムスリム市民はそれらにあやかっている。結婚式もその例にもれない。スレイマンとクレマンスは、最初はフランスのモスクで結婚式を挙げようとしたが、じきにその気がなくなってしまった。「宗教的結婚式を挙げるには市役所が出す書類が必要だというんだ。花嫁を喜ばせるために形だけの結婚式を挙げるカップルもいるというから、わからないでもない。二人のイスラム教徒同士の結婚を妨害する理由にはならないよ。そのうえぼくたちは一文無しで、親類縁者もたいしていなかったのだから。そんなわけで、信心深い二人の仲間の立ち合いで式を挙げた。イマームの存在はべつに必要ではなく、式は彼だけによって挙げられるものではないし」。したがって彼らの結婚式は、アパートで内輪で二人の友人が式らしきことをし、四人が立ち合った。この体験によって二人は、フランスではムスリムは堂々と結婚式も挙げられず、フランスに移住してきた者に頼むしかないことを痛感した。

それだけでなく、トラップ市（イヴリーヌ県）とアルジャントゥイユ市（ヴァル・ドワーズ県）で起こった、ニカーブ(訳注5)を身に着けた女性にたいする暴行事件によって二人の確信はますます固く

訳注4　伝統的社会において個々人がシャリーア法を遵守し、イスラームの価値観に則った公正を実現すべきとする。神と人間との「契約」を守らない者は「敵」とみなす。
訳注5　目だけを見せて全身を覆うイスラム女性の黒い衣服。

なった。また同性カップルの同性婚法が成立したこと。これにたいしてクレマンスは、「この世の終わり」を予感する。「ジハードはイスラム教徒にとって義務であり、世界中がそうなると思うようになる前に、そしてイスラームを信じはじめた初期から、いつまでもフランスには生きてはいられない、この多神教国を去らなければならないと思っていた。そこに居つづけることは、わたしたちの信仰にたいしても健全ではない。日常的に、シャルリ・エブドの風刺画などによって冒瀆を受けながら暮らすのはあまりにも恥辱的で、わたしたちにとってほんとうに不名誉そのもの」。彼らの行く先は、まずアフガニスタン、次にエジプトだった。「エジプトでアラビア語とイスラームを勉強し、そのあと別のところに行くためのコンタクトを探すため。ぼくは興奮していたけれど、所帯持ちだったので経済的にもそうたやすくはなかった。きっとサタンがぼくの足を引っ張っていたのだ」。そして「アラブの春」、とくに「シリアの春」(訳注6)の開花がスレイマンに全く新しい展望を与えた。

「シャームはぼくにとって最高の、預言者が語った神の祝福を受けた地であり、ぼくが行くべきところはそこなのだ。ぼくが魅了された地、どう説明してよいかわからないけれど、信じられないことさ。歴史の大切なこの時期に、ぼくはその一部になりたい。現地に行って、血を流し、どんなことでもしたい。自分のすべてを投げ出し、むこうで死にたい、インシャアッラー(神の御意志なら)。マフディー(救世主)がそこに現れることは誰もが知っているから、ぼくはそこに居たい」。

「当選者はそれぞれのチャンスに賭けた」

シリアのアレッポに発つと決めるや、一つの悩みが持ち上がった。三歳の子どもの将来は？内戦がはじまろうとしている地にこの子を連れて行けるのだろうか。考えあぐねたすえ、夫婦はこの子を連れて行くことに決めた。

「今は、家族で行くフランス人が増えている。なかには四人の子どもを連れて行った夫婦もいる。それを知って気が楽になった。当初はそのことで悩んでいたからだ。子どものために不安だった。だが自問した、無信仰者のなかで暮らさせるほうが、現地で爆弾で殺されるよりも、罪深いのではないかと。ここでどう育つかわからないよりはシリアで死んだほうがいい。ぼくにとってここに息子を置いていくほうが罪深いと思う」。生粋のフランス人女性ながらイスラームに六年前に改宗した若い母親も同じ考えだった。「最初、わたしは心配だった。わたしたち二人とも悩んでいた。とくにわたしのほうが、胃が痛くなり、わたしたちは不安と興奮、ストレスでくたくたになっていた。肉体的にも腿に痛みが出ていた。でも出発したかった。決断はしていた。でもすべてにたいして不安があり、はっきりしない部分が多かった。そのときは、現

訳注6　二〇一〇年から二〇一二年にかけてアラブ世界に起きた反政府運動の波が、二〇一三年三月シリアに波及、暴動と弾圧、内戦へと発展していった。

地に組織立ったフランス人コミュニティができていて、結婚式や出産もできて、皆助け合いながら暮らしているということをまだ知らなかった。どちらにしても、十歳未満の子どもたちの家庭内事故はどこにでもたくさんあるわけで、たとえば、息子が居間でピーナッツが喉に詰まり窒息することもあり得るでしょう。最初は心が決まらず、息子を誰かに預けて行くべきかと迷った。わたしたちの両親はどちらも無信仰者だから、それは不可能だった。他に預けられる家族はいなかった。それに息子はわたしたちを深く愛している。いつも息子はそう言っているわ。わたしたち三人は世界の中で離れられない友なの」。フランス人ジハーディストたちがシリアで日常的に戦っているにもかかわらず、パリで快適な生活を送っているということが、彼らのジレンマだった。あとは出発のための手続きを進めるほかなかったのだが。

ジハードに向かうほとんどのフランス人志願者は飛行機でトルコ経由でシリアに向かう。内戦がはじまった初期には、情報局に疑いを抱かせないために、または接触をもつために、とくにマグレブ諸国を経由する者が多かった。そこからムジャヒディン見習兵は、入国ビザが必要のないトルコに移動する。まずイスタンブールから入り、シリアの国境に向かう。しかしスレイマンとクレマンスには三人分の旅費は出せず、もっと経済的な方法として彼らの車で行くことにした。いつものようにインターネットのジハーディスト・フォーラムで、イスラームに改宗したカップルがストックホルムからシリアのアルカイダ・グループに合流するためバスで向かうという話を読んだ。「〝ビスミッラー〟(神の御名において)、わたしたちにもできる！　わたしたたちはフランスから発ち、ドイツの一部を横切ってイタリアに向かい、そこからフェリーに乗ってギリシャに行き、そこからトルコへ。そこから国境まで進む。一番ストレスを感じたのはイタリアだった。車だったので、すごく長かったから。思わぬことも起きる可能性もあり、二日間はかかると思う。さらにイタリアからギリシャまで一日はかかる。イスタンブールに着いたのは、翌日の夜だった。ホテルに数日滞在し、家族で観光も楽しんだあと、いよいよ国境に向かった」。

出発当日、スレイマンはユーモアを欠かさず、彼のフェイスブックにフランスの宝くじのうたい文句「当選者全員がチャンスに賭ける」をもじった。彼はロト（宝くじ）に当たったわけではないが、妻子と共にジハードに向かうことは、宝くじに当たったのと同じ歓喜を味わわせたのだった。彼らの低家賃住宅ＨＬＭのパーキングに駐車した車は、売り切れなかった物や持っていたい物などではち切れんばかりだった。しかしながら、運転席に座るスレイマンは、ひげを伸ばし、髪を丸坊主に刈り上げ、小さなメガネをかけ、スニーカーを履き、それでも不安そうだった。ニカーブを着ている妻とも、二人は今まで一度もフランスを離れたこともなく、長い旅行もしたことはなかった。シリアのアレッポに向かうまではＧＰＳだけが頼りだった。トルコまで日中も夜も走り、ジハーディストらが厳かに歌う『アナシッド』を聞きながら走りつづけた。ギリシャのあとトルコに着き、イスタンブールで休養した。シリアの国境まで手引き人が来ていた。トルコ・シリア間の国境地帯を三時間走り、三人はアレッポに入る。そこにフランス人が待っていた。

かつてなかった新しい世代

結局、車の旅は問題なく、予定より数日遅れただけだった。クレマンスはインターネットですべてをオーガナイズし計画を立て、各国の旅行代理店のサイトもフルに活用し、イタリアではフェリーのチケットも予約してあった。あまりにも各地を廻ったので、ブログを立ち上げ、シリアでのジハード・ガイドを製作する意気込みようだった。

「わたしにもプロパガンダくらいできるわ。人びとがシリアに来れるようにいろいろな面で手伝ってあげたいの。わたしたちが船で旅したことや、その料金や、車での道のりや旅行中どうだったとか、これから来たいと思う人にはすごく便利だと思う。そのほかに女の子として、母親として、二十歳の女としての問題、、わたし自身が経験したすべてを語りたい。洗える生理ナプキンから香辛料のことまで。わたしは辛いものは苦手なので、代替品などについてもブログを書いてもいいくらい。実際のところ，あまりにも旅がきつかったことと、道路やイタリアからギリシャまでのフェリーの旅など、旅慣れしていない人には参考になると思う。ガソリン代や、船賃は三人で五〇〇ユーロ、イスタンブールのホテル代一五〇ユーロなどすべてを入れると、全部で一〇〇〇ユーロくらいになる」。

アレッポでのコミュニティ暮らしは簡単だ。独身者はどこから来ていても、他の戦士と共に私有の建物か、兵舎に改造された元事務所で暮らすことになる。家族連れは街中のアパートに住む。戦士となった夫は、夜だけ妻子のもとに戻る。クレマンスは安心したかった。「シャームの兄弟たちは、わたしたちのためにアパートを探してくれたはず。そうなればわたしたちは落ち着き、夫は給与ももらえるはず。戦士全員が給料をもらえても、どこまでも戦利品の獲得次第。この点については皆目わからない。イスラームでの戦利品の分配についてはあまりにも漠然としている」。だいたいのフランス人カップルの持ってくるお金はたいしたことはなかった。スレイマンの所持金はもっと少なかった。「ぼくたちにはたいしたお金もなかった。フランスにいたときも裕福ではなかったし、妻は働いてなかった。ぼくは工場の労働者でしかなかった。古道具として売った家具は皆ぼろぼろだったので二束三文でしか売れなかった。古着も同じ。全部ぼくのなけなしのお金で間に合わせた。兄弟姉妹からのいくらかの餞別があったものの彼らはそれが何のために必要なのか知らない。彼らが警察と問題を起こさないように、ぼくがどこに行くか知らせなかった。シャームでは、現地に住み着いているグループに合流した。武器を自分で買わなくてはならないのか、どうなるのかわからなかった。どちらにしろ、すこしは現金を持っていた」。現地に「根を張っている」グループとは、イラクとレバントにまたがる〈イスラム国〉のことだ。〈イスラム国〉とは、イラクのアルカイダ後継のグループであるが、ウサマ・ビン・ラディンの片腕、アルカイダのエジプト人副司令官アイマン・ザワヒリ(訳注7)が率いるグループとは完全に手を切っている。

レバント（シリア、レバノン、ヨルダン、イラク、イスラエルを含む地域）は、シリアで反乱を起こしたジハードのすそ野をなし、アル・ヌスラ戦線はライバルである兄貴分のアルカイダと直接つながっている。数カ月のあいだにこの二グループは、戦地でもインターネットでも頭角を現し、とくに家族を巻き込むジハード戦略を進めている。毎週フランス人の集団は勧誘者が奨めるように家族連れで到着する。この新しい戦略は、二〇一二年夏以来、一部反乱軍が占拠するアレッポとシリア北部の情勢がやや落ち着いている地域で可能になったと言える。ジハーディストたちは徐々に安定感を持ち、外国人戦士たちをさらに多く家族と共に迎え入れることができるようになっていた。二〇一三年夏、最近パリ郊外からアレッポに来たフランス人ジハーディストは興奮して言う。「何人くらいのフランス人がシャームに向かったか誰も想像できない！　テレビ解説者が言うことは嘘八百。実際には数百人！　アレッポにはフランス人街があり、八戸から一〇戸の建物の中にはフランス人ばかり、妻子まで入れれば少なくても五〇〇人のフランス人が暮らしている。今の首相の名前は何と言ったっけ？　ヴァルス(訳注8)。彼は三、四〇人しかいないと言っていた！　なんてバカなことを！　彼は何も知らないのだ。首相は国民を安心させたいだけさ。ここは、カリファができる地なのだ。〝アッラーに栄光あれ〟、ぼくたちは未だかつてない新しい世代なのだ！(原注1)」。

原注1　このインタビューは二〇一三年五月のもの。八カ月後の二〇一四年一月、オランド大統領は記者会見で、ジハードに向かったフランス人は七〇〇人と表明した。

訳注7　ビン・ラディンの死後、アルカイダの司令官に就任したとみられている。
訳注8　オランド政権のマニュエル・ヴァルス首相。

4　若い女性はシリアのジハーディストに憧れる

「女性にも役割がある。
ムジャヒディン負傷兵の看護と
子どもを育て未来のジハーディストにすること」

二〇一三年暮れ、シリア内戦は長期化し、爆弾と血の海と化した町で女手が不足していた。サラフィズム[訳注1]（イスラム原理主義）の教義では、結婚は宗教上の義務であり、妻以外の女性に目を向けることは重い罪となる。シリアで結婚相手を見つけるのは非常に難しい。結婚を希望するフランス人戦士は、フランス語圏の女性聖戦士になる希望者を探さなければならない。したがって彼らは、インターネットでフランス人女性にシリアまで彼らに会いに来るようにとすすめる。シリア女性だと、出会うこともできないからである。シリア行きを望む結婚相手探しのSNS（ソーシャル・ネットワーキング・サービス）は大好評だ。イスラム教では男女間のチャットは禁止されているので、フランス人戦士の妻たちのなかには、友人の紹介による女性だけに向けられる勧誘文「シャームにいるムハジール[原注1]戦士との結婚を希望する女性はおりますか？　ここでは後見人もなく女性が一人で滞在することは不可能ですので、わたしが便宜をはかるお手伝いをします。お望みでしたら、ご連絡ください。仲介人となります、インシャアッラー（アッラーの御意志なら）」とフェイスブックにアップロードする女性もいる。「結婚ジハード」を奨めるフェイスブックのなかには、夫が戦地で殉死することを望む女性もいる。「もし夫がわたしより先に死ぬようなことになったら、わたしの腕の中で息を引き取ってほしい。最期にわたしと一緒に、『〝シャハーダ〟（アッラーのほかに神はなし。ムハンマドはアッラーの預言者だ）』を唱えてほしい。最期に抱擁し、生涯忘れないように彼の体臭に浸りたい、インシャアッラー。夫はアッラーのために弾に打たれて殉死した、インシャアッラー。すべての殉死者のためにアッラーがご慈悲を垂れますように」。チュニジアでは、シリアのジハードが社会現象となっていることから、メディアや一部の政治家たちのなかには、アサド大統領が使ったプロパガンダ、「セックス・ジハード」という表現を使う者もいる。あまり適確でない表現ながら、セックス奴隷部隊がシリアの聖戦士たちに供されていると思っているのであろう。それは間違っている。むしろ〝ジハード結婚〟と呼ぶべきなのだ。なぜならシリアに向かう女性たちは男たちと同じ目的を持って行くのだから。現地でセックス奴隷の役を果たすのではなく、男性と異なる点は、女性は結婚していないとジハードに参加することもできず、すでにシリアにいる戦士またはこれから向かう者との結婚、ときには一夫多妻でも戦士と結ばれる必要があるからだ。

家族との反目関係

二十五歳の独身女性、シリーヌの場合を見てみよう。彼女がジハーディストになろうとした

原注1　ヒジュラ（ムハンマドとイスラム教徒の一団が迫害を逃れてメッカからメディナに移住した年、西暦六二二年、イスラム暦元年）にまで遡り、アラビア語では、外国人聖戦士を意味し、戦線の地、シリアの住民を守る「戦いのために移住した戦士」のこと。

訳注1　サラフィズムには三傾向があり、武装・過激化を提唱する「革命的サラフィズム」、合法・政治的にイスラム主義国家を目指す「政治的サラフィズム」、伝統的布教に努める「サラフィズム・キエティスト」。

のは十六歳のときだった。チュニジア出身の両親は彼女をカトリック校に登録した。彼らは、チュニジア社会の西洋化を押し進めたハビーブ・ブルギバ大統領による近代化政策の遺産を引き継ぐ。イスラム主義者はそれを憎悪する。独裁的初代大統領は、女性たちにテレビのカメラの前でスカーフを取ることをすすめ、大学に行くことも奨励した。その流れをくむシリーヌの父親は、娘に西洋の最高の教育を受けさせようとした。彼女は十六歳まで一般の若い女性として宗教のことなどには無関心で過ごした。私立校に在学中に預言者ムハンマドの伝記と出会った。「それにすごく感動したの。すこしずつ知りたいことが出てきて、そのうちに宗教の世界に入っていったの。それ以前はそんなことは皆無で、モスクなど行ったこともない。わたしが通っていたカトリック校ではスカーフを被ることは許されていて、わたしはどうして女生徒がスカーフを被っているのかわからなかった」。

彼女にはムスリムの友人は一人もいなかった。「わたしは十六歳のころ一人で、独学で宗教に入っていった。それからスカーフを被るようになり、イスラム図書館やインターネットでイスラームについて学んだ」。最初はヒジャブ（頭髪だけを隠すヘッドスカーフ）を被り、その次に顔だけを見せるジエブを被るようにした。そのあとジハーディストではないサラフィスト（原理主義者）の女性グループと付き合うようになる。その関係をとおしてジハードのことに関心を持つようになるが、さらに先に進ませたのはサラフィズムではなかった。ジハーディストのイデオロギーとは異なり、ヨーロッパのサラフィストのほとんどは、伝統を守る平和主義者なのだ。彼らはキエティストと呼ばれ、サウジアラビア王室に仕えるスンニ派の法学者（ウラマー）らが制定した戒律を守る。ジハーディストらはキエティストを真正イスラームの敵とみなす。王室がなす豪奢な生活や、アメリカとの深い関係、石油産業による巨大な富、アルカイダのテロへの米国の反撃に協力していることなどが、サウジアラビア王室を憎む要因となる。サラフィストはだいたい二種類に分かれるが、両方とも男性は長いあごひげと口ひげを伸ばしカミーズを着る。女性は目だけを見せるニカーブをまとい、全く同じ服装だが、たがいに嫌悪し合っている。ジハーディストもサラフィストなのだが、(原注2) 無信仰者や背教者にたいし容赦ない攻撃を惜しまない。一方、サラフィスト・キエティストは現地の政権に従い、統治者のみが聖戦（ジハード）を呼びかけられると考える。

他のジハード支持者のように、シリーヌも「サウジアラビアのサラフィー派(訳注2)」を毛嫌いする。

原注2　サラフィスト・キエティストはフランスや他の西洋諸国で多数派を占め、国家にたいして反逆や暴力を使わず政治的活動を認めない。イスラーム聖典の研究や布教に努める。政治に関係なく伝統的布教に努め、テロリズムで西洋を恐怖に陥れる「イスラム国」を強く批判する。

訳注2　サラフィー派はワッハーブ派（一八世紀半ばにアラビア半島に起きた復古主義的なイスラム改革運動）とも呼ばれ、スンニ派に属し、シーア派が強いイエメンを除くアラビア半島の大部分に広がる。

厳格で純粋な聖戦士は、自分たちこそ真正サラフィストだと自認し、キエティストたちを「まやかしのサラフィスト」とみなし、軽蔑する。

「彼らは各地に私立校を建て、ヨーロッパに教材まで撤布している。当初、わたしもサウジアラビアのサラフィー派に参加したけれど、じきにイデオロギーが異なることがわかった。イスラームに改宗した女子生徒とシャリーア法について話したけれど、わたしにとってシャリーア法はすごく重要で、すべての国がシャリーア法を適用すべきだと思う。でも彼女は、アフガニスタンやどこででもシャリーア法が施行されると問題が起きると言う。問題が起きるかどうかの問題であって、どちらにしてもシャリーア法は大切。すべての国がイスラム法を施行すべきだと思う。いろいろ調べてみたところ、宗教については画一的な思想というものはなく、とくにジハード〈聖戦〉についても同様。コーランの重要な教義の一つ、〈契約と否認〉も実践せずに、非ムスリム国と手を組んでムスリムを攻撃しようとする。それはイスラームに反する行為。様々な理屈をつけてイスラームの聖戦を抹消しようとする。そのうえ彼らは、神の啓示を高揚し、世界中の兄弟姉妹を救助しようと努める者を弾圧する。オッケー、彼らは意気地なし、戦いたくないのよ。せめて戦おうとしている者を放っといてほしい！」。

彼女の強い信仰心は家庭内で激しい反目を生んだ。「わたしがジエブを着はじめたとき、両親は気分を害し、わたしにプレッシャーをかけはじめた。ジエブはまるでおばあさんの格好で、醜く、過激的すぎるなどと批難した。髪だけを隠すヒジャブだけを被り、ジーンズでいるべきだ」と言う。彼女が十八歳のとき、休校を重ね、バカロレアも受けなかった。「両親は宗教関係の本を禁じたけど、わたしもあまり読まなくなっていた」。成人後、両親の家を去り、フォルザーヌ・アリザ（誇りの騎士）という名称でナントに二〇一〇年にできたジハーディストの小グループの存在を知った（このグループは二〇一二年三月に強制解散された）。

精神的打撃

ある晩、彼女はインターネットで、パリで開催されるイスラム排斥反対集会への呼びかけを目にした。同時に極右系諸分派が組織する「フランスのイスラム化」抗議集会が開かれるのだ。シリーヌは参加することにした。会場に着くや、黒い団旗を掲げた三〇人ほどのひげを長く伸ばした男たちがジハーディストの闘争の歌を響かせながら、軍隊の足取りで登場するのが見えた。「黒い団旗を見たとき、わたしはすぐに魅せられ、『オー、アキーダ[原注3]（神を信じる）兄弟たち！』と声を上げた」。そこには、素晴らしい説教をしたアブ・ハムザ[訳注3]がいた。女性のイスラ

原注3　「アキーダ」は信仰を意味するが、フランスのジハード信奉者は、自分たちをサラフィストとかジハーディストとは言わず、むしろ「アキーダ（神を信じる）兄弟姉妹」とみなし、彼らこそ真正なムスリムだと自認する。

訳注3　イスラム過激派指導者。若年層に過激なイスラム思想を吹き込んだ科で懲役刑に。

ム教徒たちもいたので、この集会を皆で分かち合いたかった。こうしてシリーヌはフォルザーヌ・アリザ・グループに加わった。それは、モロッコ系フランス人アブ・ハムザによってつくられ、中核のメンバーは三〇人ほどしかいないが、強烈なアクション場面をサイトにアップロードしている。その戦略は英国の類似のグループ、シャリーア4UKやベルギーのシャリーア4ベルギー（のちに解散された）の作戦を丸写ししている。これらの三グループは、ときどきフランスに集まり、公共の場での女性の全身をおおうニカーブの着衣禁止令にたいする抗議デモを行なっている。二〇一一年八月、「この下劣な禁止令」にたいする抗議行動として、アブ・ハムザは、二〇〇五年に若者たちの騒乱の舞台となったパリ郊外のオルネー・ス・ボア（セーヌ・サン・ドニ県）の中央警察署の前に立って、メガホンでフランス国家を強く批判する演説を叫んだ。この三十歳のひげを伸ばした体格のいい男は、分厚い刑法典を地べたに投げつけ、ガソリンをまいて、あっけにとられた警官たちの前で燃やした。「あんたたちの刑法とやらはこのとおり！　ぼくたちのしていることをすこしも尊重しない刑法典なんか足で踏みつけてやる！」。

フォルザーヌ・アリザを知って以来、シリーヌは、全身をおおうニカーブを着布したことで裁判にかけられた女性たちの公判のとき、裁判所の前に集まって抗議した。「イスラム教徒の排斥者は警官たちなのだ。同志の女性が、警官の弾圧を受けたり、学校から処分されたり、職場で差別を受けたりすると、フォルザーヌ・アリザ・グループは抗議行動を繰り返した。彼らは前線で戦っている兄弟たちや軍事訓練を受けている青年たちも声援した。彼らはペイントボール(訳注4)を使って訓練するけれど、国内で何もしようとしない」。しかしフランス当局はそうは思っていない。二〇一二年、大統領選挙戦中、モハメッド・メラ事件（トゥールーズでユダヤ人生徒や兵士など七人を射殺した個人テロ）直後に当時のクロード・ゲアン内務相が、同グループに解散命令を下した。活動家たちの行動計画、「イスラム排斥運動が強まれば、武装闘争もありうる」とサイトに明示してあったことから、内務省は「闘争グループ」とみなし、全国の二〇人ほどの活動家を警察の監視下に置いた。理由は「テロ行為を準備する犯罪者集団関与」の容疑だった。筆頭のアブ・ハムザの資産は差し押さえられた。彼は四人の子どもを持ち、収入はＲＳＡ（積極的連帯手当）しかなかった。拘置され、「人種差別挑発罪」で執行猶予付四カ月の拘禁刑を受けた。二〇一一年に彼は、ユダヤ人とイスラエルの支配下にあるマクドナルドをボイコットするようにと市民に呼びかけた。ＡＦＰ通信社によると、警察の特別捜査班が彼の自宅で「三挺のカラシニコフとグロック・ピストル(訳注5)を発見。他の者は全員釈放された。当時のサルコジ大統領は、この問題を彼の再選キャンペーンに最大限利用した。

同グループの解散は、シリーヌにかなりの精神的打撃を与えた。しかし、今日、彼女はシリ

訳注４　圧縮ガスを利用した銃で、無毒性塗料入り弾丸を発射する。
訳注５　オーストリアのメーカー、グロック社が開発した自動拳銃。

ア問題に集中する。「ジハードに参加したい。この道に関心を寄せて以来、この考えは捨てていない。準備が整い次第、行く。シャームには前線で戦っている女性もたくさんいる。他の女性は訓練を受けていて、前線に出る必要があれば出て行く。いつでも死ななければならないときには死ねるように準備している。男性のほうが行動的だけれど、女性も負傷した戦士を看護することや将来の戦士を産み育て上げる任務があるわ」。シリーヌは武装グループとの連絡を重ね、なかでもシャームの「ハヤブサ隊」と呼ばれる小部隊のメンバーを知っている。以前はシリア系フランス人アブ・ハジャーが率いていたが、彼は二〇一三年六月、四人の子どもを残して、三十三歳で戦死した。彼はスンニ派の貴族の家系の出で、シリアの北西部イドリブ県に自分のルーツに回帰するために帰って来ていた。

「各聖戦士のうしろには一人の女性がいる」

アブ・ハジャーは、フランスを去ったあと、同胞の女性たちにシリアに来ることを奨めなかった。そうするよりも経済的に援助することを奨めた。「若者たちはわたしたちにとって重荷になる。一度も銃を持ったこともないのだから、彼らを保護しなければならない。多くの者が戦う信念よりも、むしろ感性的な理由によって来るのだから。現地の現実に面食らい、フランスに帰れば刑務所に入れられることを恐れている。彼らの将来は完全に破壊される。よく調べもしないで、崇高な目標も目的も持たず、この国の将来像もイスラームのためになる現実的なビジョンも持たないグループに加わってしまう。聖戦に参加したいのなら、まず経済的に援助することを奨めたい」。彼は、アルカイダとつながっていたいくつかの反乱グループとも距離を置き、ジャバ・アル・ヌスラ・グループ（後のアル・ヌスラ戦線）の戦略を批判した。「このグループは最初から、外部からはテロリストとみなされ、内部でも反対する者が多かった。街の中心部での軍部が使う爆発物の使用は双方に被害をもたらし、シリア住民も受け入れなかった。道路上の検問所への自爆テロ、欧米人捕虜の斬首など。このような残虐行為にたいしシリアのムスリム住民にも批判者が増えていた。アル・ヌスラ戦線はイラクのアルカイダだと自認するが、シリアの戦士たちは反対し、シリアで再び失敗に終わると批判する。（……）アルカイダはもはや国際的に名声を失っており、新たにシリアの、とくにムスリム住民の賛同を得ることなどは難しい」。

しかしながら、シリーヌはシリアのジハードに加わりたいと思っている他の若いフランス人と同様にアルカイダに付属する訓練組織に入りたい望みを捨てていなかった。「わたしは常にアルカイダに賛同してきた。（原注4）ダウラまたはアル・ヌスラ戦線が支配する地のほうがいい。彼らの敵の殺し方のほうがいいと思う。斬首か、背後から頭部に撃ち込むか。でもメディアでは一度も目にしない殺し方もある。捕まえたあと、殴る蹴るで捕虜の肉体を弄び、拷問をはじめるなど。それに比べ、頭に一撃を加えるか斬首する。斬首するのにもやり方があるはず。どんなやり方でもいいわけではない。だからシャリーア法に従うべきだと思う。アッラーの啓示が極限にまで高揚されるべき。わたしが属するコミュニティの住民が弾圧を受けているとき、自宅で腕を組んでじっとしてはいられない。現地に行って戦いに加わりたい。ムハンマドのハディース(訳注6)のおかげで、シャーム地域にカリファができると信じている。その再建のために参加したいし、その地で血を流したい」。ボランティアとして行くにしても、目的を果たすためにはまず結婚しなければならないことも知っている。「シリアにはシャビハ(原注5)が徘徊し、独身女性に暴行をはたらく可能性もあるので、女性は一人でいないほうがいい」。が、彼女にはジハード兵と結ばれるための結婚には気が重い。「もともとわたしは一人で行き、戦うためであって結婚するためではない」。宗教のための結婚は、インターネットによって数日間でなされるのだが、個人感情よりも聖戦への関心のほうが重視される。よってシリーヌはインターネットでこの分野の結婚相談サービスをあたってみた。どのプロポーズにしても、彼女は将来の夫とは、スカイプかフェイスブック、電話で二、三回会話を交わしただけだった。そのうちの誰かと結婚することが決まっても手を握ることもしないだろう。「本当のことを言えば、ちょっとそれはいい気持ちはしないけれど。でもあとで来世の楽園に行けるということで報われるのだと自分に言い聞かせている。もし相手が前線にいる独身男性だとしたら、精神的な支えになれると思う。戦いのあと帰って来たら、せめて話す相手が待っているのだから。いい人と一緒になれるといいと思う。聖戦士は皆いい男ばかりだと思う。そして一人ひとりの聖戦士の背後には一人の女性がいるということ」。

しかしながら、現地に行くと、女性にとってその現実はさほどロマンチックな世界ではないことがわかる。二つの障害が待ち構えているからだ。日常の退屈さと危険性だ。二〇一四年当初以来、この二つの問題は深刻さを増していた。ジハーディストは各方面で攻撃を受けていたからである。アサド政権の政府軍、支援関係にあるイラン・シーア派、レバノン、イラク、クルド自治政府軍、シリアのスンニ派元軍隊の非ジハーディスト反乱軍と、複数の軍隊が攻撃し合っていた。初期から、反乱軍同士の内部闘争はすでに一〇〇〇人近い死者を出し、とくに外国人戦士と彼らの家族が狙われた。戦況が変化するなかでジハーディストの幹部たちは、家族連れの移住を留めさせた。ヤシヌの新しい後妻は、シリアに着いて数カ月後にフランスに帰国

原注4　ダウラ・アルイスラミーヤの略語で、シャーム（イラクとレバント地域）の〈イスラム国〉（IS）を意味する。シリアやフランスではアラビア語の頭文字をとってDAESHダイーシュ（国家）と呼ぶ。イラクのアルカイダと呼ばれていたグループは、兄弟同士のライバルであるアル・ヌスラ戦線とは一線を引き、アルカイダ中央部から手を切った。一方、アル・ヌスラ戦線は、本部のウサマ・ビン・ラディンにたいし数回にわたり忠誠を誓った（二〇一六年、アル・ヌスラ戦線はアルカイダ中央と手を切った＝訳者）。

原注5　幽霊を意味し、アサド政権の民兵を意味する。

訳注6　預言者ムハンマドの言行録。

することを望んだ。「彼女はシリアを離れたいと悩んでいる。ますます苦しみが増す。夜の爆撃と交戦が激しさを増すばかり。前線が近づいて来ており、彼女はパニック状態にある」。アラビア語を理解せず独りぼっちで、二人の子どもと部屋に閉じこもり、この知らない国での毎日は長すぎた。「ぼくは夜遅く帰って来るので彼女にとっては辛いと思う。来る前に現地がどういう状態なのかわかっていたのなら、妻子を連れて来なかったと思う。女性にとってはたいへんすぎる」。しかしながらフランスの若い女性たちのジハード結婚はつづいている。未成年者も少なくない。二〇一四年一月、十五歳の何ら問題のない少女が南仏から旅立った。両親はモロッコ出身者。彼女はやはり未成年の少年とシリアで結婚するためだった。彼は結婚相手の彼女よりも数カ月前に到着しており、アル・ヌスラ戦線に所属していた。二人にはスカイプとフェイスブックで交信するだけで充分だった。少女が去ったあと、すぐに家族は娘の誘拐を警察に届け出てメディアにも連絡した。訴えられた少年は、シャリーア法に従い、「良いことをしているのだ」とシリアから主張し、彼女の父親に正式に娘との結婚を願い出た。父親はそれを拒否し、フランスに戻るようにと懇願したが、無駄だった。

5　万能のグーグルとＬＯＬ（大笑い）ジハード

「グーグルで自分一人でイスラームに改宗できるのか調べてみた。シャハーダ（信仰告白）と言うだけでいいのだと発見した。そこでコンピュータの前でそれを一人でやってみた」

クレマンスは小さいとき、フランスの田舎で牛とポニーに囲まれて育った、幸せな少女時代を覚えている。家族が過ごした家がある、この小さな村には五〇〇人ほどしか住んでいなかった。ムスリム系の住民は一人もいなかった。「アラブ人とは出会ったこともなかった。でも家族はなんとなく彼らを差別していた。両親は二人とも生粋のフランス人で、すこしブルジョワ的だった」。彼女が生まれたあと、両親はパリから離れた「非行少年のいない」土地に引っ越した。カトリック校に登録し、カテキズム（カトリック教理説明会）にも通い、毎週日曜日には教会のミサに出席し、聖体拝領も受けた。「コミュニオン（聖体拝領）を受けたのは、文化的なこともあるけれど、両親を喜ばせてあげたかったから。いやと言うこともできたのだけれど、あまり考えなかった。常に神さまを信じていたから」。キリスト教は、いつも教会に通う両親から受け継いだ。しかし、キリスト教について調べているうちに、三位一体とか、聖者を信仰することや、キリスト教が多神教ということに疑問を抱きはじめたのだった。「わたしには唯一神しかいなかったから、イエスが神の子であることは全然信じなかった。カトリック教理も辻褄が合わず心情的に受け入れられなかった。聖女や聖人たちのことが語られるけれど、わたしはいつも『聖人はわたしのためにいったい何をしてくれる？』と自問した。それよりもイスラム教で言うフィトラ（天性の信仰）を信じた。自分のなかにいつもそれを保持してきたのだけれど、まだそのときはイスラム教がどういうものなのか知らなかった。わたしには精神的な生活が必要だった。十七歳のころ、キリスト教について深く勉強しはじめたのだけれど、完全な断絶が生まれた。なぜなら入り込めば入り込むほどあまりにも矛盾が多く、非論理的な点が見えてきた」。精神的に錯乱しはじめたクレマンスは、一年間完全に宗教的実践を停止した。ある日、書店でアラビア語とフランス語、二カ国語のコーランを見つけた。

「グーグルでイスラム教への改宗法を調べる」

「その白い本、コーランを購入して読みはじめた。頁の右側から左へではなく、左から右へ読む。読みはじめた最初の章は『アッラー以外、崇めるべき神はいない。アッラーには御父はいない、御子を生んでもいない』。この啓示を目にしたとき、あまりにもわたしが求めていたものと合致していた。これこそ、キリスト教で迷っていたことだった。キリスト教に同意できなかったのは、この点だった」。この少女がほとんど瞬間的に感じ入った啓示は神聖な予兆のように感じられた。コーランのこの章は、彼女が抱いていたキリスト教にたいするすべての疑問を解決してくれるものだった。当時、職業科に在学していた彼女は、直接に神がメッセージを送ってきたのだと思った。帰宅後インターネットでさらに詳しく知ろうとした。「グーグルで〈イスラーム〉または〈コーラン〉を検索してみた。今まで一度も考えたこともなかったことで、涙があふれてきた。あまりにも幸せで自分に言い聞かせた、『わー、わたしには宗教がある！』と。わたしの知らなかったコミュニティに入ることができた。このときわたしは自分一人で考えていたと思ったけれど、わたしと同じように考える人びとがいることを知った。周りの友人たちとも話したけれど、十七歳では宗教に関心を寄せる人はいなかった。そこでわたしは十八歳になったときにイスラム教に改宗した」。

当時、クレマンスはまだ一度もムスリムの人と会っていなかった。近在にはモスクもなくイマーム（指導師）もいなかった。それでも一人でインターネットを使ってイスラム教に改宗できないわけではなかった。「グーグルで改宗の仕方を調べたら、シャハーダ（アッラーのほかに神はなし）と信仰告白するだけでいい。わたしの住んでいる小さな村で、コンピュータの前で一人で改宗したの。人びとはメディアが報道するように、家族との断絶や、憎悪など、よくわからないけれどそうした理由をあげるけれど、わたしにとっては、すごく簡単で論理的な過程を踏んだ果てなの」。クレマンスはこの過程を目立たないようにしたものの、カトリック教徒である家族にとって、娘が今まで信じてきた宗教からもう一つの宗教に改宗するということはショックだった。「家では、宗教を衣服で表すこともできない。彼らにとっては屈辱以外の何ものでもないから。この小さな村では隣人が全員知り合い同士だから、スカーフを被ることもできない。だから最初はズタ袋をまとっているみたいだった。頭には何も被らずに尻と股、脚を隠す長いスカートを着た。そのようなベールと服をどこで買っていいのかわからなかった。いつも行きつけのブティックはH&Mやプロモードだった。それで品のよくない服を何枚も重ね着していた」。

じきに女性イスラム・フォーラムなどとたくさんのコンタクトを得、フェイスブックでも彼女らと会話を交わすようになった。ある日、クレマンスは電車でパリに行き、若い女性たちと出会った。彼女らをとおして、フランスでは許されている、顔だけを見せる長くて黒いジエブを発見した。それはクレマンスにとって一つの啓示だった。「ワァー、コーランが『大きなベールで体を被うこと』と述べているように、今まで一度もそういう女性を見たことはなかった。彼女たちがわたしに一枚をプレゼントしてくれたので、彼女らに会いに行くときには電車に乗る前にそのベールを被った。でも帰宅するときは家の前でそれを取った。それからは、あまり外出しないようにし、ベールをあまり被らないので、外に出ないようになった。両親は一度もわたしが大きなベールを被っている姿を見たことがない。わたしが小さなスカーフを被っているのを父が見てしまったことがあるけれど、大きいベールは見たことない」。クレマンスはかなり注意を払ったが、家族は彼女のイスラム教への改宗を理解できなかった。「最初のころ、家族は思春期のためで、じきに気が鎮まるだろう。きっと彼女はアラブ青年と結婚したいのかも知れない。豚肉を食べないほうがクールだと思っているからだとか言っていた。たまたま日の出前の四時に部屋の明かりをつけてわたしが礼拝をしているところを見られてしまった。彼らにとって辛いことかもしれないけれど、なんらドラマチックなことはないはず」。両親は彼女を理解しようとするが、とくに年上の姉と兄たちとの関係は険悪になっていた。「もう彼らとは関係を絶った。以前からそれほど愛し合っている仲でもなかったし。もちろんわたしたちは兄弟姉妹だけれど、彼らがわたしの兄であり姉であるとは思えない。彼らになんら愛情も感じない。彼らは改宗したりしないし、なかでも姉は最悪。あるとき、わたしの部屋でそこにあった書籍をふんだくり父に見せに行ってから、それらを燃そうとした。ベッド脇に置いてあった、祈るときに敷く小さな絨毯を指先で雑巾のように取って、それも燃やそうとした。イスラム教を嫌っていたものの父は、姉のわたしにたいするあまりの仕打ちにたまりかね、わたしを庇おうとした」。

この家庭内騒動のあと、クレマンスはフェイスブックで知り合ったスレイマンと一緒になるために家を飛び出した。二人は彼のアパートで二人の証人が立ち合い、秘密裏に宗教的に結婚した。両親はそれを後日知った。両親は傷ついた。わたしはすこし悔いたが、それで良かったのだと思った。彼らから見れば、わたしが男友だちと同棲していると思えばいいのだから」。二人は両親の家から離れた町で暮らし、彼女は子どもを出産した。スレイマンは技術工として働くが、彼女は無職だった。「二回バイトをし、そのあとイスラームに改宗した」。スレイマンと結婚してからは、目しか見せないニカーブを誰にも気兼ねせずにまとうことができた。フランスではそれを公共の場で着ることは禁じられていたので、外出することが少なくなった。夫婦はあまり人付き合いもなく、フェイスブックでバーチャルな付き合いに閉じこもっていた。「ぼくたちは二人ともシンプルそのもので、宗教的にそれほど敬虔でもなく、罪も冒している。テレビで見るのは、米テレビ映画『ウォーキング・デッド』や『ブレイキング・バッド』、『ロスト』など。このようなテレビ映画のシリーズを見るけれど、インターネットであらかじめ選択し、あまりヌードや偶像が出てこない映画を見るようにしている」。

まず自分の写真をアップロードする

クレマンスは新婚生活のなかで、フランスのイスラム穏健派の平和主義に留まることもできた。しかしながら、インターネットはさらに遠くに、彼女をサラフィズム（原理主義）のなかのジハーディズム（聖戦思想）にまで引き込んでいく。グーグルで調べているうちに彼女は、七世紀にムハンマドが預言した原初のイスラム教への回帰を奨励するビデオ・フォーラムに導かれていった。不変のイスラームの六信条の六番目にあたる〈ジハード〉はすべてのムスリムに義務付けられていて、シリアで起こっているように、現地で弾圧されるスンニ派住民を助けなければならない。シリアに発つ数日前、クレマンスは、改めてインターネットの重要性を認める。「あまりにもインターネットは大事。わたしはそれによって導かれ、シリア行きを決心した。プロパガンダを受け入れすぎるかもしれないけれど、感動を受け、シリアに発つことを決めたの、インシャアッラー。わたし自身でプロパガンダをつくり、これからシリアに行きたい人を援助したい」。

インターネットやSNSがなかったなら、クレマンスもスレイマンも幼児を連れてシリアには行けなかっただろう。グーグルやユーチューブ、フォーラムによって彼らは、サラフィスト系ジハーディストの論理に導かれ、フェイスブックによってコンタクトを得、現地のアルカイダ・グループに合流できたのである。ジハードと言っても、タコの足のように分かれる様々な支流や分派、それらがなす国際規模ででき上がっているピラミッド型の構造。そしてその末端でモスクや大都会の郊外で若者を勧誘するリクルーターのネットワークが活躍している。このような構図は、むしろ一九九〇年から二〇〇〇年代半ばまでの構図であり、むしろフォークロア的側面を持つ過去と言える。なぜなら二〇一三年現在、シリアのジハーディストは片手にカラシニコフを持ち、もう一方の手にスマホを握り、アプリを駆使し、フェイスブック、スカイプ、ツイッター、ASK（検索エンジン）、インスタグラム（無料の画像を共有）などを多用する。フ戦争が激化するシリアのカオス状態のなかでもサイバーカフェやWiFiは機能している。フランスから来た聖戦見習戦士がまずすることは、武器を手にした写真をアップロードすることだった。彼が送信する格好いい「クールなジハーディスト」の姿は、フランスのフェイスブックのヒューマンチェーンで運ばれる。

フランス人ジハーディスト青年は、SNSでシリアでの日常生活を細々と画像にして送っている。ときには戦士用の服、カミーズまたはラコステの上着を着た未成年の少年が黒い団旗を背にして、笑いながら自動小銃を抱えて高射砲の上に腰かけている。他の者は、前線に向かって前進している最中の写真やアサド大統領の宮殿を包囲している写真、アレッポの豪奢な大邸宅のプールの中で彼らがふざけ合っているビデオをフェイスブックにアップロードして楽しんでいる。ときには、彼らの妻も、シター（アラビア語でカーテンの意）で全身と目まで隠して、機関銃と手榴弾を持ってポーズをとる。なかにはアルカイダとモハメッド・メラ（二〇一二年トゥールーズで七人の射殺テロ）を讃える歌を送る者もいる。また別の者は、携帯を利用して細密な手製爆弾の製作に励む。フェイスブックにより、前線の戦況や交戦中に戦死、または自爆テロで亡くなったフランス人戦士の死が報じられる。そのとき顔面にかすかな笑みを残す遺体は人差し指を天に向け、来世の楽園の入り口で神への最期の信仰告白「シャハーダ（「アッラーのほかに神はなし。ムハンマドはアッラーの使徒である」）」を唱える。そして楽園にいる戦士の遺体からは、まろやかな魅惑あふれる「麝《じゃ》香」が立ちのぼるというコメントが加えられる。これらのイメージはフランスにいる仲間たちを魅惑で包む。シリアに着くや数十人のフランス人はジハードの大使となり、フランスで信奉者を倍増し増殖していくことになる。

「ＬＯＬ（大笑い）ジハード」

プロファイルが集まる、一般に開かれているフェイスブックの是非については内部を分裂させた。ある者は、自分たちを武装グループの基地で写真を撮るという不用心さによって、敵側に戦略的情報を与えかねなかった。彼らの無頓着さは、他の聖戦士たちの不評を買っていた。何人かは首長に注意された。外国人戦士の画像がインターネットにアップロードされることは、敵の捕虜になったときに彼らの株が上がるからだ。ジハーディストたちは、アサド政権の民兵や非ジハーディスト反乱兵の射殺や斬首場面を公開することは何とも思っていない。二〇一三年の夏、二十歳のフランス人青年が、彼のフェイスブックに「二人のアサド政府軍兵を斬首、やった！」と題したビデオを公開した。見るに耐えないこの画像はアイホンで撮られていて、二人の兵隊は手足を縛られ地面に横たわる。覆面した一人の男が、次々にこの二人の首を捉え、ナイフで頭部を切断すると、周りから「アッラー アクバル（神は偉大なり）」の歓声が飛んでくる。そのシーンは何分かだが、長くつづき、どんな細部も騒音も叫び声も逃すことなく録画・録音された。まだ完全に死んでいない兵士の喉からは血が勢いよく吹き出している。斬首された頭部はトロフィーのように展示されてから、すでに掘ってある穴に放り投げられた。フランスでこれを見た若者が叫ぶ、「ぼくは羊にもこんなことはできないな。ワッハッハ、そうされる価値があったとしても、ひでえ！」「Ｍｄｒ（死ぬほど笑うの略）それはスンニ[訳注1]に書かれているのさ」とビデオ撮影者が言う。「ひでえなんて言うなよ、預言者が説明するのと同じやり方なんだから。彼は笑いながら殺したという！」。少年たちの冗談はつづく。「この二人の兵士は、頭を失っただけさ、ワッハッハ」。以前は、何千キロも離れている現地に潜伏して戦っている聖戦士とコンタクトをとるには、様々な方法と手段やプロキシ（中継サーバ）まで利用しなければならなかったのだが、今は一般にも公開されるフェイスブックやユーチューブによってシリアが身近になっている。今日の即時性やＳＮＳによって驚くように簡単に、アルカイダに属するフランス人や斬首についても、まるで中学校の同級生仲間が下らない冗談を言い合うたぐいの時代なのである。

フェイスブックは、ビン・ラディン時代の聖戦が持っていた潜伏のイメージをぬぐい去って、ジハードが恐怖を与えるものではなく、マスコミが話題にし、青少年にも接しやすくなっている。フェイスブックに登場したのは、ジハーディスト文化を伝える新しいフランス語版〈ウェブ・マガジン〉。ユーモアを込めた、ある種の挑発的な内容だ。若いチュニジア人バデール・ラヌアールが発刊した『ＳＬＦマガジン＝現代サラフィズム・マガジン』は、広いフランス人読者層を引きつけている。すべての一般的なマガジンと同様に、ＳＬＦもコラム「ライフスタイル」を連載する。そして敵を攻撃するための格好いいナイキエアマックス95（訳注2）や、「シリアのジハーディストに愛されているナイキフリー」といったコピー版の広告も掲載。コラム「ツーリズ

訳注1　スンニはムハンマドの使徒が伝えた預言者の言葉や範例で、コーランに次ぐ第二の法源。ハディースは口承の集成であるのにたいし、スンニは予言者の宗教的行為から構成される。
訳注2　ナイキが販売するランニングシューズ。

ム」は「ジハーディストが夢見る五つの目的地」として、まずアフガニスタンでは「ウサマ・ビン・ラディンがたどった足跡と、世界にジハードを蘇らせた人びととの出会い。ビン・ラディン終焉の地、トラボラ山岳を廻る」を紹介する。これほど感動をそそるコースはないだろう。次は「すべてのジハーディストにとって新たな夢の地、シリア。アフガニスタンよりも行きやすく、トルコ行きの片道キップを購入すれば、あとは案内人が面倒をみてくれる」。次はチェチェン、パレスチナ、イラクとつづき、「現地で消音拳銃を試すこともできる。スンニ派対シーア派対米軍対背教者というように複雑に錯綜する戦争は激化しつづけているが、住民は暖かく歓待してくれる。食事もおいしい」。記事のなかには、マンガのキャラクターを使って、「ビズーヌー（ぬいぐるみのクマが主人公のアニメ）のイスラームとは何でしょう？ ポケモン・イマームとは誰のことでしょう?」と、皮肉と諧謔によってフランスのイスラム教をやっつける。「ビズーヌーのイスラームとはピンク色のアメ玉のイスラームであり、バービー人形のイスラーム、それは古くさい歯の抜けた、無力のイスラームであり、はでな赤紫の包装紙に包まれ、シャネルNo.5の香りがし、政治家や無信仰者を喜ばせる、ソフトでやさしい、ピースとゼン、いわゆるヒッピーのイスラームである。真のイスラム教徒でないのにムスリムでいられるイスラム教徒」。さらにコラム「モード」では、格子柄のシャツを着て、長いひげを伸ばした西洋諸国の若者、流行の先端をいくヒップスターたちの姿を取り上げている。タイトルは「無信仰者たちはどうしてぼくたちを真似るのでしょう?」

6　ジハード勧誘者のフェイスブック

「無信仰者たちがインターネットを恐れるのは当然！
フェイスブックによってなんと多くの若者を
シリアに来させたことか」

パリから四〇〇〇キロのところで、ジハード勧誘者はウェブカメラに向かって笑いかける。イラク・シャームの〈イスラム国〉のロゴの入った迷彩カラーのカミーズを着ている二十三歳のアブ・ナイムは、イスラム教に改宗したフランス人。シリアに来る前は、他の若いフランス人のように、パリ郊外で麻薬のディーラーだった。キリスト教徒の家庭で育ち、三年前にイスラム教に改宗したばかりだが、シリアに落ち着き、一年以上前からアルカイダと関係を持つグループのために戦っている。西洋の国から来た、やはりイスラム教に改宗したある女性と現地で結婚した。

二〇一二年春、彼が着いた当時、シリアに来ることは危険が伴う冒険だった。シリア政府反乱軍によって占められていた地域はかなり縮小し、絶えず連合国空軍とシリア政府軍砲兵隊の爆撃を受けていた。交戦は頻繁になり、とくに冬の生活は家族にとっても過酷になっていた。アレッポはアサド大統領政府軍の支配下にあった。それから一年後、戦局は変化していき、この国の第二の都市アレッポの四分の三が反乱軍の手に渡ったことで、フランスからのボランティアたちが大量に来れるようになった。誰もが着くやフェイスブックに書き込む。「一年前に来たときは、今とは全然様子が違っていた。たしかにどこにいてもフェイスブックで誰でも勧誘できた。フランスの無信仰者たちにコンタクトすると、インターネットは怖いという、でもフェイスブックにジハーディストが出て来ることを恐れるのは当然。無信仰者は当然恐れていい！　たしかにフェイスブックでかなりのフランス人をシリアに来させたのだから。

怖がるのは当然だ。そこでほんとうのことを言ってやることにしている。警察の情報局もSNSを充分に監視しきれていない。ぼくは今までのようにジハードへの勧誘をつづける。フランス当局と言えども、シリアに来させないようにはできないはずだ。これが現実さ！」（二〇一三年七月のインタビュー）。

闘争がないときや、フランス人をトルコとの国境からアレッポまで四輪駆動車で運ぶ以外は、このジハーディストはSNSでジハード勧誘の仕事をつづける。「フェイスブックである程度狙いを定められる。この二週間で妻子たちは別として一〇人ほどの男性を来させることができた。その反対に、ほとんど毎週誰かを帰国させている。子ども連れの女性を何人か国境まで連れて行った。これは今まであまりなかったことだけれど。以前はそこまで面倒をみる者がいなかった。だから来たばかりの者は全くどうしていいのかわからなかった。今はすごく簡単だ。パリからシリアまで一日で来れる。国境にぼくが向かいに行き、あとは仲間同士で助け合う。住む場所も見つけてあげるようにしている。そのあと首長に会わせ、グループの中に入れてくれるようにと頼む。最後にそこにいる全員が首長に忠誠を誓ってからジハーディストとしての生活に入る。最初の一カ月間は軍事訓練を受けさせられ、そのあとでやっとカラシニコフを持てるようになる。戦士としての基礎を身につけてから専門分野に進める。それが終わると戦う体勢に入れる。最初に着いたときとはまったく異なる自分が出来上がっている」。

「ウェイクアップ・ウンマ（目覚めよ、イスラム共同体）」

フランス人戦士たちはシリア国内でも新入りの同国人を引きつける。クレマンスとスレイマンの経験が示すように。彼らはフランスにいたときは、ジハーディストを一人も知らなかった。フランスを発つ前のすべての計画は「勧誘者」との単なるチャットで具体化した。一〇〇パーセント、インターネットで一〇〇パーセント、フェイスブックだった。現地にいる「兄弟たち」と二〇〇パーセント、フェイスブックで連絡し合った」。1、2章で証言したヤシヌも同様にフェイスブックに彼のポエム『ジハーディスト』をアップロードした。「このページが出発点になった。それまではぼく一人だった。それを発表したら、カリフについてのビデオを創った一人の仲間と知り合えた。彼は今、シャームにいる。彼が最初に行っており、現地でビデオを創ろうとしている。ぼくらも彼と同じグループに属する。ぼくと同年配だけど、とてもオープンなやつだ。マシャラ（すごいよ）、しっかりしていて、何でも知っている。ぼくにはフェイスブックで一〇〇以上の現地とのコンタクトがある。兄弟たちをビデオで見れば見るほど、戦地に行きたくなる。ぼくも頭にターバンを巻いてカラシニコフを持っているビデオを連発していく」。このようにしてフェイスブックは避けては通れない、多目的を果たせる手段になっているのである。SNSは、一つのコミュニティに属する手段であると同時に、ある程度、対人関係では距離を保っていられる。ユーザーが押し寄せる怒濤に溺れながらも、誰でもがいくつか匿名のユーザー名を持てる。さらにジハードにたいして関心のない一般に向けた効果的な宗教的勧誘手段にもなれる。このフェイスブック現象は、あの有名なジハーディスト・フォーラム（訳注1）を凌ぐほどの広がりを持っている。フォーラムの利用者はほとんどが加入を認められたアラブ人で、内部の者に紹介された者にかぎられている。主要な仏語圏サイト〈アンサール・アル・ハク〉（真実のパルティザン）は、警察に監視されていることから検索数が減っている。ＳＮＳのユーザーは何ら疑いを持たれないのだが、サイトの検索者は必然的に疑われる。

フランスに最近登場したジハード支持のフェイスブックは、説教師が伝導する主要内容を公開する。先駆者の一つは〈ウェイクアップ・ウンマ（目覚めよ、イスラム共同体）〉だった。「聖戦支持、アンチ・タグート（シャリーア法を施行しない権力と戦う）」のページは二〇〇八年、ニースに住む二十八歳の無職のアブ・セルヤンが立ち上げた。全頁がフランス語版のサイトは、時期に応じて三、四人のスタッフが携わり、非アラビア語圏のネオジハーディストの人々を対象にしている。マリ戦争のとき、「ムスリム兵と戦う十字軍」と書いて仏軍を嘲笑した。すでに登録者数は一万二〇〇〇人にのぼる。このサイトの製作者は表現の自由のきわどい線を利用し、斬

訳注1　インターネットサイト「聖戦士の討論会」。

首シーンをアップロードしては、「否が応でもイスラーム」というメッセージを付けている。たびたび当局に検閲されながらもこりずに再生される。そのたびに二〇〇〇から三〇〇〇のファンを引きつける。製作者アブ・セルヤンは、ファンのなかにグアドループ出身の旧ラップミュージシャン、ルイ・シドニーの名を見つけて自慢する。ルイ・シドニーは不良青年時代のあと、イスラム教徒になり、ジハーディストの小グループ〈カンヌ－トルシー〉のチーフになったが、二〇一二年ストラスブールで銃を握ったまま対テロ特別班に射殺された。パリ北方のヴァル・ドワーズ県のサルセル市の食品店に投げ込まれた手榴弾に残った指紋をてがかりに警察が一年間彼を尾行した果てだった。一〇人ほどの彼のグループが大規模なテロを計画していたことが発覚し一斉検挙となった。

捜査班はセーヌ・エ・マルヌ県のトルシー市にいた、やはりイスラム教に改宗した共犯者の一人の車庫で、ユダヤ人関係のアソシエーションのリストや、三挺の小銃、一〇〇〇個の銃弾、三キロの硝酸カリウム、圧力釜、電線、サーチライト用の電球などを見つけた。これらはすべて、二〇一三年四月十五日、ボストン・マラソンのテロに使われた爆弾と同じ手製爆弾を作るのに必要な材料だった。爆発物を手に入れるくらい簡単なことはない。農家が肥料として使う硝酸カリウムはフランスのどこのスーパーでも手に入る。世界中のジハーディストが使う爆発物の原材料なのである。英語圏の雑誌『インスパイア』はアラビア半島でアルカイダが発行しており、「ママの台所で爆弾を作る」と題し、その作り方の「レシピ」を掲載している。アブ・

セルヤンは彼のフェイスブックで紹介しているが、モハメッド・メラのユダヤ人射殺テロを認めてはいるものの、彼の雑誌の読者にはフランスの刑法にひっかからないためにも、仏国内でテロを起こすよりも、国外でジハードを遂行すべしと奨めている。彼の目的は「真正のイスラム教」をできるだけ多くの読者に広めることであるからだ。

遅まきながらイスラム教に帰依する

アブ・セルヤンは文化的にはムスリムだが、フランスのモスクに求めていた真正イスラム教をインターネットで見出し、改宗したと言う。チュニジア人である彼の両親はモスクにも行かず、息子に宗教教育を与えなかった。「祈ることなどしたこともなかった。少年時代、中学、高校、大学、就職へと歩んできた。若い頃は、夜遊びし、喫煙し、すべてそうした生活だった」。二十三歳のとき、若い女性の影響を受けて、大卒社員の生活を捨てて精神修業に打ち込むようになった。ユーチューブで見つけた説教のビデオに導かれながらも迷いの時期を送った。「誰もがコーランの啓典に賛同するのだが、最初ぼくはまだ中立的だった。当時、ぼくにとってビン・ラディンはどこに向かうのかわからないテロリストにすぎなかった。誰にでもやさしくて、背広にネクタイ姿で、ビンタを食らえば、もう片方の頬を差し出すくらいだった。イスラム教の基本を守っていた。タリク・ラマダン（一九六二年生まれ、スイス人イスラム学・神学者）がテレビ討論会などで政治家たちと激突するのを見るのは面白い。まだ、ぼくはムスリム同胞団的だったと言えるかな」。当時のアブ・セルヤンは南仏のモスクに真正イスラム教の道を求めていた。その道は険しかった。落胆に落胆が重なった。ニースでアバシュと呼ばれるオーソドックスなスンニ派組織と接触してみたが、すぐに「新興宗教団体」だとわかった。カンヌでは、サラフィズム・キエティストに改宗した青年から彼が通っているモスクでの説教を聞くようにと奨められた。「そこでは、すべての規則が微細で、ひげにはよく櫛が通っていること、パンタロンをはいてはだめ、代りにロングパンツのサルエル(訳注2)か、体型を見せない長いシャツ、カミーズなど、すべて人目を引かないもの。当時のぼくにはショックだった。そうだったのか、預言者ムハンマドがしていたことを否定することはできない、と自分に言い聞かせた」。が、一年後にアブ・セルヤンは「疑似サラフィー主義（初期イスラム時代を模範とする）、タクフィール(訳注3)」というモスクのサイトを読んで納得した。このサイトはジハードを拒絶し、西洋諸国と手をつなぐサウジアラビアのウラマー（イスラム法学者）たちの指令に従っている。「彼らは前世代の敬虔なイスラム教徒につづくサラフィストだと言うが、前世代のイスラム教徒は、アメリカ人やユダヤ人、シーア派など彼らの敵たちとは決して同盟しなかった」。

彼は、このグループからも遠ざかる。「このときから、ぼくはうんざりし、嫌気がさした。『指導師を探そうとすると、二回とも、新興宗教団体みたいなグループにぶつかった。真の道とはどれなのか？』と嘆き、涙し、誰とも付き合わなくなった」。アブ・セルヤンはコンピュータの前に座りつづけ、「真正イスラム教」を探しつづけた。そうしているうちに、あるビデオシリーズ『19HH』と題する人類の真の歴史を解説する番組に出会った。製作者はオマル・オムセンというフランス語圏「ジハード地域」の中心的人物。セネガル生まれのフランス育ちだが、二〇一三年春、祖国に戻った。三十八歳でシリアでのアル・ヌスラ戦線のフランス人戦士たちの精神的指導者にまでなった。組織的大型犯罪集団に属していた元強盗犯オマル・オムセンは、複数の判決で何回か刑務所生活を送った。現在、フランス語のジハーディスト・ウェブで最も影響力を持つ説教師の一人となっている。彼が送信するビデオは、時事的画像の他、ドラマチックなバックサウンドにのせたジハーディスト闘争場面のコピーや、彼流に歪曲した啓典の章、さらにはビン・ラディン殺害の共謀説などからなっている。そのビデオは粗い作りながら、アブ・セルヤンが受けたように数十人の若いフランス人にかなりの影響を与えている。彼はニースから製作者にメールを送り、このビデオをダウンロードし、アラビア語の海賊版を作ってもいいか問い合わせた。オマルの承諾の返事にセルヤンは驚喜し、戦利品を得たように有頂天になった。「彼は一つの戦闘場面について話してくれた。それは預言者が三〇人の戦士に隊商たちを攻撃するようにと命じた。ちょうどそれは強盗しに行くのと同じだと言う。ぼくはすぐに承諾した。そして『今は学者が言うとおり、カリフが存在しないのだから、イスラム教の敵た

訳注2　イスラム文化圏の民族衣装。
訳注3　ウラマー（イスラム法学者）が誰かを背教徒宣告すること。

ちは一般のムスリムにたいして戦争をしている。こうなったら敵側の経済をやっつけるしかない』と言うのだ。彼の説明によれば、彼らの計画をダウンロードすることは禁じられていないのだから、それを逆利用することは彼らに被害を与えることになる」。メールを交換し合いながら、二人とも同じ町に住んでいることがわかり喜び合う。そしてニースの低家賃住宅HLM地区にあるモスクで金曜日の大礼拝の日に落ち合うことにした。はっきり言えば、アブ・セルヤンはオマルの講演と彼のカリスマ的イメージに魅せられてしまった。「最初のぼくの質問、『9・11のテロはほんとうにビン・ラディンがやったと思いますか?』にたいするオマルの単刀直入の答えは、『そう』、そのあと、『ちがう』と言い直した。『それはあり得ないでしょう』とぼくが言うと。『預言者はハディースの中で9・11についてすでに語っている』。そこでぼくが言い返した、『それおかしい!』。すると彼は『そうなんだ。預言者がハディースの中で預言したのだ。ウイ、解釈の相違があるけれど、解釈の仕方次第さ。次のビデオでそれを説明しようと思う。今は何とも言えないけれど』と言うのだ」。

「ある日、オマルがハディースをぼくにくれた。人びとに広めることはできないが、ぼくは信じることができた。たしかにハディースは広く知られ利用されているのだが、解釈が歪曲されている。したがって従うべきなのは聖戦士なのだ。アッラーも啓典の中で、神が彼らを真実の道に導くのだと言っている。ここで異論をはさむ余地はなかった。ぼくにとって、正しい信仰とはこのことだ、これ以上明確で明快なことはなかった」。

「椅子から立ち上がることはない」

それ以来、二人の青年はもう一人の協力者を得て、画像面の特技を駆使し、ジハードに誘うための新作ビデオの製作に打ち込んだ。このトリオはじきにジハーディスト・コミュニティの中で異彩を放つようになる。警察情報当局も同時に彼らを盗聴するようになる。二〇一一年十二月、サイバー・ジハーディストは、バーチャルからリアリティに移るため、フランス全国から二〇人ほどの活動家を招き、ニースで集会を開催した。彼らの目的は、小グループに分かれて全員が、チュニジアからリビア、アフガニスタンのタリバンに合流するか、アラビア半島のアルカイダからイエメンまで行くプロジェクトだ。しかし駅から出たところで全員が逮捕され拘留された。そのあと、リーダーのオマル・オムセン以外は全員釈放された。彼は拘置されたあと、七歳になるまでいた祖国、セネガルに強制送還された。彼はフランスに移民してきた父親のもとに母親と合流したのだった。解散されたフォルザーヌ・アリザ・グループと彼が関係を持っていたことで、フランスに持っていた私有財産は差し押さえられた。フランス国内情報総局（ＤＣＲＩ）の捜査員に長時間尋問されたアブ・セルヤンは語る。

「彼らは何でも知っている。ぼくが電話で話したことも、ぼくの証言を確認するためにも、刑務所に服役中の仲間と話したことも。ぼくが何かを計画しているのか、それに通じている服役者までの伏線をたどろうとする。フェイスブックについても調べられた。さらにぼくに戦士名、クニア(原注1)を持つか訊かれた。どうしてこのクニアを使うのかと訊かれた。戦士は誰でもがクニアを持っていると答えた」。

「彼らはぼくがサイト『アンサール・アル・ハク』(真実のパルティザン)を知っているか、このサイトを見ているかと訊いてきた。最初の質問、雑誌『インスパイア』を知っているか？　にたいして、ぼくは笑顔で、聞いたことはある、その雑誌は知っているが、英語通ではないので、フランス語に翻訳された頁をダウンロードしたと答えた。インターネットでもフェイスブックでも見ている。彼らは、妻と話したプライベートのことも知っていた。でもSMS(訳注4)を送った覚えはない。ほんとうにプライベートの会話をどのようにして録音できるのだろうか。電話でも口にしないようなことまで。第三者の仕業なのか、それとも盗聴だろうか。そのあとぼくは被害妄想になり、家の中に何か取り付けてあるのではないかと疑った。治安当局はぼくを尋問したとき、ぼくのことについて何でも知っていた。これから準備するかもしれないプロジェクトについても話すのだ！」。この何時間もつづいた尋問の果てに、アブ・セルヤンは監視処分を受けて釈放された。その後、フェイスブックの製作に携わる。

彼のサイバー・ジハードは、彼らのカップル生活にも影響を与えた。「そのために別居することも考えた。自宅では椅子から離れることはなかった。帰宅すると同時に、コンピュータの前に座る……。ときには寝ないこともあり、今は一週間の半分と自由な時間があれば、それだけをしている。ぼくがビデオを見ていると妻は不平を言う」。最新のビデオは三十分の長さで、ムスリム地域で米軍兵士が犯した蛮行場面のイメージと被害者の証言からなっていた。その中にアルカイダによるビデオが挿入されており、ジハードは、アメリカや、サウジアラビアやイラク軍のような連合軍にたいして戦わなければならないことを強調している。このビデオは数千回検索され、「ウェイクアップ・ウンマ」のロゴが付けられ、いくつかのサイト「デイリーモーション」やフェイスブック、アラビア語版フォーラム・ジハーディスト「アルフィダ・イスラミヤ」、仏語圏の「アンサール・アル・ハク」などにもアップロードされた。アブ・セルヤンは資料や記事、アルカイダの幹部たちのオーディオやビデオに仏語字幕を付けてアップロードする。彼らと関係あるイスラム武装グループのプロパガンダ・ビデオも仏語字幕を付けて投稿する。それに加えて、殉死した聖戦士の写真や、彼らに捧げる詩や歌など、すべてジハードに関する情報をフランスと外国に流す。「目的は、メディアは事実を歪め、用語まで変えてしまうから、一部の人にはショックを与えるかもしれない情報、真正のイスラム教を提示し、それを

原注1　外部に知られないように、一人一人のジハーディストにクニア（戦士名）が与えられる。男性の場合、アブ（〜の父）の後に長男の名が来る。息子がいなければ、「アブ・ジハード」のように選べる。女性には「オウム」（母）を前に付ける。唯一、禁じられているのは名前にムハンマドを使うこと。

訳注4　ショート・メッセージ・サービス、Eメールのこと。

広めることなのだ。たとえば、コーランには戦利品というものはないという。泥棒することが禁じられているからだ。しかし、ISにとって、盗むのと同じである戦利品は禁じられていないということだ。モハメッド・メラがフランス国内に戦争をもたらしたと言う人がいる。その通りだと言いたい。彼の犯行の目的は？　テロによる戦争をフランス国内に移すことだったのだ。イスラム教には、ムスリムのいる地だけに戦争しに行くという決まりがあるのか？　ムスリムのいる地だから何をしてもいいのか？　預言者の使徒たちは国境は存在しないと言っていたではないか。われわれの地で戦争をするなら、あなた方の国にも戦争をしに行く！」

7　ハラールネットワーク

「たしかに煽動的だけど、モスクで学ばないことを教えたい。ヒジュラ（移住）とジハード（聖戦）について」

ウェブ活動をつづけるアブ・セルヤンが二〇〇八年にフェイスブックを立ち上げて以来、彼に比肩する者はいない。以来、一〇種ほどのフランス語のフェイスブックが生まれたが、対象のユーザーも内容も似たり寄ったり。二十四歳のギヨームは二年前にイスラム教に改宗しパリに落ち着き、「アル・ミューミニン（信徒の指導者）」（カリフまたはカリファの首長にだけに付けられる敬称）というサイトを立ち上げた。一人の女性と二人の男性協力者が携わり、登録者は約二〇〇〇人。

「それはちょうどモードの世界と同じ。最初に出てくる画面には、〈ウェイクアップ・ウンマ（目覚めよ、イスラム共同体）〉というブログがのっていた。彼らのやっていることはなかなかい。一人の仲間がシリアに行っており、ぼくたちが心に思っていることをぶちまけてからフランスを去るといいと言う。たしかに煽動的なのだが、モスクでは学べないことを指導することができる。まずヒジュラ（移住）とジハード（聖戦）について。それはモスクで一度も耳にしなかったこと。だからそれらについて勉強するのだ。ぼくにとって、聖戦とは、イスラム教では義務であり、したがって戦闘のあるところに行くためにフランスを離れなければならない。しかし宗教の根本についても学ばなければならない。なぜならわたしたちのように考えるのは、ムスリムだけではないから。なかにはモスクに来てフランス式イスラム教に浸かるか、礼拝することもしない人、スカーフを被っていない女性、ただイスラム教に関心を持っているというだけの女性などもいる。聖戦についてや宗教の基本、礼拝方法や神の唯一性などについて、イスラームの基本について解説するのだ」。

ギヨームというファーストネームが示すように、彼はムスリムではない。パリ郊外でアルバニア出身の両親に育てられカトリック社会に浸り、「常に神様を信じていた」。教理問答にも出席し、教会では聖体を拝領した。二十二歳のとき家庭内の亀裂を体験し、イスラム教に改宗した。ギヨームは建設会社の臨時雇いとして働き、当時はゴロツキの生活に近かったと言う。「界隈の若者たちとうろつき、強奪罪で拘禁六カ月の刑を受け、そのあとはバー通いし女の子と遊んだ。しばしば朝帰りし泥酔して帰宅したものだ」。

一般的に服役中にイスラム教徒になると言われるが、そうするジハーディストは少ないと言う。ギヨームも刑務所の中でイスラム教を知ったのではない。「刑務所の中にはムスリムの服役者が多くいると見られているが、それほどでもない。服役者のなかには、ムスリムよりも、銀行強盗犯や強姦犯、小児性虐待者などのほうが多くいる」。

彼が実際にイスラム教と出会ったのは、やはりインターネットでだった。犯罪からジハードに向かうのは簡単だった。「ぼくはアルバニア人だから、体質的に武器を使うのが好きだ。ジハードについて話を聞いたとき、すぐに賛同した。そのあとオマル・オムセンが製作したウサマ・ビン・ラディンについてのビデオを見たとき、強い感動を受けた。いろいろなことに疑問を持ちはじめ、ムスリムたちが世界中で虐殺されているのに、誰も見ているだけで何もしていない。もう何も疑うことはなかった」。彼の周りの者のなかで母親だけが、彼のイスラム教への改宗を認めてくれた。父親は彼に口をきくこともしなくなり、彼にひげを剃れとしか言わない。友だちとも付き合わなくなった。が、フェイスブックで彼と似たような状況にある者と知り合いになれた。

「だからインターネットは非常に役に立つ。ぼくたちにとって役に立つばかりか、多くの青年たちをジハードに導いた。フェイスブックがなかったなら、彼らは改宗しなかったと思う。フランスでぼくたちはほんとうに少数であり、出会えるのはフェイスブックでしかない。ぼくはそこで二〇人ほどの兄弟たちに出会ったのだ」。今日、これらの兄弟たちのほとんどは、シリアの戦線でアルカイダと共に戦っている。ギヨームはフランスで「孤立している」ように感じた。そこでSNSでシリアに向かう準備をはじめた。「個人的に知っている、信頼できる仲間に合流するのだから、心配ない」。フェイスブックで女性たちとも知り合い、現地に行く前に結婚できる相手と交信することもできた。ぼくたちムスリムはフェイスブックの祝福を受けていると言える」。それほどギヨームはフェイスブックを信頼しきっていた。「パリに住んでいる、ある仲間はアルカイダと関係あるフォーラムを利用していたら、それから二週間後に警察に検挙された。だからぼくはそれを避けたいのだ。同時に当局はフェイスブックをチェックし、ぼくらを要注意人物リストにのせることができる。しかし今はそうした人物は何千人もいる。その一人一人の家宅捜索はできないはず。まずそのうちの一人を調べ、次に一〇人ずつ数珠つなぎに逮捕していくのだろう」。

日常からのエスケープ

しかし彼から見ると、フェイスブックは全能の情報交換能力を持つが、イスラム教に反するのだ。二〇〇四年、アメリカのユダヤ人、マーク・ザッカークによって設立されたソーシャル・ネットワーク・サービス（SNS）には、広告や裸体写真のビデオもアップロードできる。一方、ジハーディストのプロファイルは一時的に検閲されるか排除される。三十日間、個人メッセージを禁止するとか、友情交換メッセージは七日間ユーザーに禁止されるというように。当局の検閲に対抗し、フランスの若者グループが、二〇一三年春、外国籍の仏語版「フェイスブック・ハラール」(訳注1)を立ち上げた。「アンサール・グラバ」という名称で、聖戦に賛同するすべてのスンニ派ムスリムに、オリジナルのサイトを離れ、レプリカ・サイトのユーザーになるように勧めている。登録方法は至極簡単で、まずイスラム教徒であることを表明し、異教徒との議論を拒否すること、コーランの啓典にはいくつの章（一一四）があるかといった基礎的知識が問われる。残りの質問はフェイスブックについてだが、友人網、インスタントメッセージ、現在の社会的地位の明示、ビデオや写真などのアップロード。しかし個人プロファイルは、見栄や

訳注1　ハラール：イスラム教で禁じられていないもの。ハラームは禁じられているもの。

誘惑のもとにもなり、また当局の調査に使われるので勧められない。しかしながら、聖戦への呼びかけや殉死の勧めには歯止めがなかった。サイトの表紙にはバナー広告もあり、「ライオンのように生き、ライオンのように死ぬ。〈アンサール・グラバ〉はSNSナンバーワン、自由なムスリム、インディペンデント、非共同体主義(訳注2)、移住、ジハード、カリファといったキャッチフレーズがつづく」。

同サイトには「講演会プログラム」も載っており、オーディオ講演会や、高名なサイバー・ジハーディスト、オマル・オムセンやベルギー人、ジャン＝ルイ・ル・スミ(訳注3)といった指導師の説教を聞くことができ、質問することもできる。「アラビア語を学ぶべきでしょうか？」「どうしてシリアでの聖戦は義務なのですか？」。すぐに同サイトの登録者は一五〇〇人にのぼった。が、六カ月後、内部分裂により製作者たちは自発的に活動を中止した。「アッラーの使徒、マフディと自認するシーア派の者がグループに潜入したためだ」と言う。しかし、すぐに新しいサイト「フェイスブック・ハラール」が外国で立ち上げられた。じきに聖戦支持者の出会いの場となったのだが、フランス国内でテロリズムを煽動することは避けた。南仏に住む一人の青年の例を見るなら、フランスとヨーロッパなど、無信仰者が占める国々でテロ活動をつづけることによって、「兄弟モハメッド・メラ（二〇一二年七人銃殺テロ）に従おう、神は慈悲深いお方だ」と呼びかける。彼のプロファイルは警察当局によってサイトから消されたが、「聖戦はフランスではなくイスラームの地でなされるべきだ」という講釈まで付け加えてあった。青年はユーチューブから彼のプロファイルが削除されたことを抗議した。「ウサマ・ビン・ラディンに従ったすべての戦士たちが言うには、聖戦は国際的な戦いであり、人類の歴史の最後までつづく。フランス、アフガニスタン、マリでも世界各地で無信仰者を攻撃できる者は、そうしなければならない。ムスリムが無信仰者を攻撃できるなら、そうする義務がある」。彼のインターネット上の血まなぐさい提案には、幾人かの賛同者がいた。とくに彼がプレイステーションのコントローラを手にしたプロファイルをアップロードしたからだろう。

諜報局もお手上げ

ジハーディストのなかには「テロリズム煽動罪」の罠に落ちないために工夫する者もいる。フェイスブックを管理するギヨームはその限界を知っている。「はっきりしている。もしきみがエッフェル塔を爆破させる意志があるなら、もちろん用心すべきことがある」。仏語圏のサイバー・ジハードの人気がウェブ戦士ユーザーにとって予想以上のものだとしたら、警察にとっても同じことが言えた。反テロリスト判事、マルク・トレヴィディックがメディアに語るとき、

訳注2　完全な共同体主義ではなく自由主義を認めるという意味。
訳注3　ジャン＝ルイ・ドニ（通称ル・スミ）はイスラム教に改宗したベルギー人（四十二歳）。フェイスブックでベルギーから若者をシリアに送り込んだ科で二〇一三年暮れに逮捕され、服役中。

何も隠すことはしない。彼の取調室では、隆々たる古参の容疑者からアフガンの元アルカイダ兵、イラク元兵士、チェチェンの元活動家たちが次々に取り調べを受けている。今日、彼らに加わるのは、若いフランス人青年やアマチュアの未成年者たちだ。インターネットで最近イスラム教に改宗したばかりの者、独学かナイーブさとで、何をしでかすかわからないような若者たちも取り調べを受けている。これらの聖戦支持者の増加によって警察の調査は複雑さを増すばかり。十年ほど前は聖戦のプロパガンダのビデオを持っているだけで疑いをかけられたのだが、今日では、数百人のフランス人青年たちが何千にもおよぶデータを仏語訳付でハードディスクにアップロードし、誰でもがアクセスできるのである。

二〇一三年五月、仏国民議会の調査委員会報告書は、仏当局の弱点を明らかにした。モハメッド・メラがトゥールーズの小学校で三人のユダヤ人女児を含む七人を射殺した事件について、トレヴィディック判事は次のような報告書を発表した。「現在、テロリスト集団の全データはインターネットで捉えた証拠からなる。それらの八割は重要な証拠として裁判所に付託される。このようにインターネットの監視は情報部にとって重要な課題になりつつある」。マリニャンヌ空港事件(原注1)の一部はインターネットにより発覚した。「首謀者たちやフォーラム・ビジターたちのフェイスブックにジハード称賛のメッセージを見出すことができる」。このようにサイバー防犯システムによって、この「マリニャンヌ空港事件」のように国内の監視システムの目から逃れることは難しくなっている。またある町の住民が、レジデンスの屋根の上と、少年が乗っているスクーターの後部に「一神教（原注2）」と白字で染め抜かれた黒い団旗をなびかせて走っていると警察に知らせてきた。

二〇一三年三月、疑いをかけられた、二十歳くらいの兄と二人の従弟の三人が自宅を家宅捜索された。自動小銃二挺とピストルが発見され、検事は手製爆弾工房と見なした。そのうえ容疑者はオバマ米大統領に脅しのメールを送ろうとしていたことが発覚。さらにフェイスブックにモハメッド・メラを讃える文を投稿していたため逮捕に至る。

国民議会報告書は仏警察の弱点を指摘し、重大な任務の前で各課の意味のない縄張り争いによる障害を指摘している。報告書によれば、「ブログや他のサイトを検索することによって大量の情報が得られるのだが、国家警察のコンピュータシステム――オリオンと呼ばれるシステム――によってブロックされてしまう。こうした状況を改善するために警察の各課にコンピュータ係が置かれ、全課の職員が自由にアクセスできるようにした。もちろん設備の不十分さから、

原注1　二〇一三年三月、モハメッド・メラを尊敬する二人のジハーディスト青年が武器、弾薬を持参していたためマルセイユのマリニャンヌ空港で逮捕された。

原注2　一神教と白く染め抜かれた黒い団旗は「信仰告白」を表す。この黒い団旗はジハード・サラフィストたちによって掲げられる。

待ち時間はかなり長い」。また「情報活動は時流に追いつけず、無防備状態だ」という噂も流れている。治安のための無線電話――盗聴器――などのようなクラシックな器材は今日のテロリストたちのコミュニケーションにはもはや適応しなくなっている。さらに一番必要とされているスパイ用ソフトの導入はまだ内務省では認められていないのである。

ジハーディストたちはいくつかの偽名を使ってフェイスブックなどに投稿しているため調査を混乱させる。議会の報告書によれば、「諜報部は、増大しつづけるスカイプや、さまざまなインスタントメッセージで交わされるやりとりなどを、監視するだけの十分な法的、技術的手段を持ち合わせていない」という。サイバー・ジハードがフランスの対テロリスト対策に大きなジレンマを招来しているのである。トレヴィディック判事の国会での答弁は、「インターネットにたいしてどのように戦えるのでしょうか。諜報部の多くの課では、サイトは情報源になるので存続させておいたほうが良いという人が多いのですが、たしかにイスラム過激派に関するほとんどの情報はインターネットから得ています。したがって諜報部はこの監視手段を断絶したくないわけです。と同時にそれは彼らのプロパガンダと戦いの伝播手段となっています。このようにわたしたちは二つの戦術の板挟みになっています」。

フランス当局がインターネットにたいして躊躇《ちゅうちょ》する態度の裏には、仏語圏の中心的なジハーディスト・フォーラム「アンサール・アル・ハク」が存在する。同サイトは二〇〇七年に六人のフランス人と一人の女性ベルギー人によって立ち上げられた。このジハードに関する討論フォーラムは、武装グループやフランスで禁止になったテキストをも提供する。登録者数は約二〇〇〇人。フランス内務省は、このジハード支援サイトの検索を軽犯罪にすることを提案した。現在、サイト「アンサール・アル・ハク」は外国籍となっており、禁止することは難しい。そのあと内務相となったマニュエル・ヴァルス（二〇一四年、首相に）はその案を破棄した。しかしながら同フォーラムの幹部七人は検挙され、二〇一三年七月、彼らの資産は差し押さえられた。それから二カ月後の早朝、国内情報総局（ＤＣＲＩ）は彼らの一人、ロマン（別名アブ・シャド・アル・ノルマンディー）もエルヴィル・サンクレール市（カルヴァドス県）で検挙した。彼は英語版雑誌『インスパイア』が二号にわたって西洋の地でテロを遂行すべきと煽動した記事をフランス語に訳したことで逮捕された。ロマンには、二〇一二年十二月に成立した対テロリスト法の一環として「テロリズム擁護罪」が適用され、拘置所に送致された。彼には、罰金四万五〇〇〇ユーロ、懲役五年の刑が下された。同フォーラム・サイトは相変わらず存続している。

8　ウェブ聖戦士世代

「わたしたちの前にはインターネットで育った若い世代がいる。彼らは家族にとってもエイリアンのごとく変異、変化しながらどこにでも存在できる」

アブ・ラヤンは四十歳近くになっており、長老の部類に入り、コンピュータ前史時代の生き残りと言える。イタリア系ベルギー人で家族持ち。「サイバー・ジハード」初期の混沌とした時期を体験している。その時期に彼の人生が一変した。一九九三年、スパイク・リー監督の作品『マルコムX』を見て開眼させられる。アブ・ラヤン、実名マイケルは当時、カトリック校の寄宿舎にいた十九歳の高校最終学年生。活動的ラップのファンで、植民地時代の歴史とアメリカの奴隷制度に関心を持ち、「反体制的青年だが閉じこもり型」。彼のプロファイルは、アフロ・アメリカ人ムスリム指導師に近く、彼に似ようとし、イスラム教に改宗した。ブリュッセルのモスクで公式の改宗式が行なわれた。当時インターネットはほんの一部でしか使われていなかった。イスラム教徒との接触は、当局の監視下にある会場で主にマグレブ系移民とであった。当時は、宗教関係の発行物や説教を吹き込んだVHSカセットなどは信徒のあいだで手から手に回されていた。聖戦のテーマは秘密裏のもので口外されなかった。マイケルはクラブメッド(訳注1)の元DJだった。「一般が認めるコンセンサスのライト・イスラム文化に浸り」、何ら矛盾も感じずにキリスト教徒の女性と結婚した。毎日ひげをよく剃り、背広ネクタイ姿でアメリカの会社の案内係として働いた。彼の「平々凡々の」穏健なムスリム生活は「二〇〇一年九月十一日、ツインタワー爆破の日」までつづいた。この瞬間、全米国人同様、アメリカ帝国のど真ん中で襲われたアメリカの姿に彼は衝撃を受けた。「ぼくは一人もムスリムを知らず、イスラム教についての話も聞いたことがなかった。しかしブッシュ大統領が『あなたはわたしたちの敵ですか、わたしたちの味方ですか』と言ったその以前に、その中間で、中立であることは不可能であると感じた。なぜなら中立であることは卑劣であり、意気地なしと批判されるからだ。それは頭で考えることではなく、心で感じることだったからだ」。それからは彼は普通のメディアを信頼せず、それ以外の方法で調べてみた。「しかし誰の仕業なのか？　ビン・ラディンとは何ものなのか？」」。

「ジハード（聖戦）には、当時はまだエキゾチックな響きがあった」

マイケルはまず、フランス人作家マルク＝エドワール・ナベ（一九五八年マルセイユ生まれ。父親はジャズミュージシャン、マルセル・ザニニ）の著作に出会った。ナベは、9・11事件は正当防衛行為だと書いたことから、フランスのメディアからボイコットされてきた。マイケルにとってこの問題が執念となる。「ぼくはすべてを知り理解するために探偵のように、かたっぱしから調べ上げ、ひっかきまわした。アラビア語はわからず、礼拝にも行かないのだが、イスラム教徒の側面やイデオロギーが非常に重要性を持つようになった。この問題について多くの本を読み、調べ上げた。当時、ぼくはベルギーのムスリム・コミュニティの中で、どっちつかずの立

訳注1　一九五〇年に設立されたバカンス施設。今日、三六カ国に一〇〇以上の施設を有する。

場にいた。西洋文化にたいする対抗文化としてイスラム文化を捉えたが、現在は、インターネットにより若者が簡単にアクセスできるようになり、対抗文化としての意味もなくなった」。

当時は大衆がウェブに目覚めた時期だった。ビット数の低いモデムやチェーンメール、最初のフォーラムなど。

「二〇〇一年、二年、三年はまだエキゾチックな印象を与える時期だった。当時はウェブなどに興味を持つ者は一部しかいなかったものの、討論フォーラムもあり、そこで意見を述べる人も出はじめていた。アフガニスタンやイラクにいる人からの意見も見られ、現地のユーザーたちの意見によって完全にぼくの見方がくつがえされた。この十年、ぼくが理解してきたイスラム教と、真のイスラム教とは何ら関係がないことに気がついたのだ。ぼくにとってそれは大きなショックだった」。インターネットによりアルカイダのリーダーたちの説教を聞くことができ、彼は説教師たちを尊敬しはじめた。「すこしずつ本を読み、一般にはあまり知られていないが、指導師たちの説教を聞くようになった。なかでもヨルダンの刑務所につながれていた指導師マクディシ(訳注2)やアイマン・アル・ザワヒリ(訳注3)、ウサマ・ビン・ラディン、アブ・ムサブ・アル・ザルカウィらの説教がすべてフランス語に訳されてユーチューブで見ることができた。さらに人びとに影響を与え、導いていくガイドラインがある。しかしそれらのユーチューブに嫌気がさし、イスラム教から遠のいた者もいる。しかし言わせてもらえば、それらの説教とテロリズムとは何ら関係がないことはたしかだ。彼らの主張することにすべて賛成するとはかぎらない。

ではフランス人は大戦中にレジスタンスが遂行したすべての作戦に賛成していただろうか？」。

アルカイダのイデオロギーに出会ったことはマイケルの生き方に深い影響を与え、まず職場を辞め、妻とは離婚し、数年後にムスリム系女性と再婚した。この時期に9・11事件が起きていて、すべての画像がインターネットで送られている。会話中、マイケルは彼の二度目のイスラム教への改宗について彼から話し出した。「最初に改宗した一九九三年からインターネットが大衆化した二〇〇一、二年までのあいだ、ぼくはあまりぱっとしなかった。だから『いつごろイスラム教に改宗したのか？』と聞かれると正式には一九九三年だけれど、ブリュッセルのモスクに通い出したときから。自分としては、それから十年後に、イスラム教の啓典の全体像について意識したときだったと思う」。

孤独と共鳴

マイケルは、「文化センター」のようになっていたモスクには通わなくなったが、ベルギーの

訳注2　二〇一五年二月十五日、ヨルダンはマクディシを釈放。アルカイダのリーダーたちの絶大な尊敬を集めている。

訳注3　アルカイダの最高指導者。

バーチャル・フォーラムではイスラミスト仲間と出会うようになった。そのうちにアフガニスタン・イスラム国の故国防大臣マスードの未亡人マリカ・エル・アルードにも行き会った。彼女はベルギーの刑務所で懲役八年の服役中。そして彼女の二番目の夫、モエズ・ガルサラウイとも出会う。彼はジハード支持のフォーラム〈ミンバーSOS〉の世話人だが、のちにパキスタンに移住し、二〇一二年、ドローンで撃ち殺される前に、モハメッド・メラの面倒をみたと言われている。マイケルはジャン・ルイ・ルスミとも友人関係を持っている。ルスミはイスラム法を広めるグループ〈シャリーア4ベルギー〉やイスラミストNPO、ムスリムに安く食べさせる「レスト・ド・ターヒード」で活躍する。マイケルはジハードには参加しないが聖戦を支持し、イスラームの地に移住することを呼びかける（彼自身がチュニジアへの移住を考えている）。ときには経済的援助を必要としている者には手助けしようとする。

アブ・ラヤン（マイケルの五人の子どもの長男）は孤立していたが、フェイスブックに姿を見せるようになり、ワロン地方のアクセントを響かせながら自身の説教をアップロードするようになった。「インターネットに反響がこれほどあるとは知らなかった。ぼくと同じように考え、同じような感受性を持っているムスリムがいることを知ったので、以前より孤独ではなくなった。前は夫婦のあいだでも、モスクの中でもぼくは一人ぼっちだった。今は共鳴する人びとがいることがわかった。最初のころは、フォーラム〈リバ〉などで人びとがプライベートのメッセージを送ってきて，メーリングリストにのせてほしいと書いてくる。以前と比べたらなんと便利になったのだろう。前は手書きのリストだったのに」。

「もうじき来るのは、インターネット世代革命」

目に見えない地下でうごめいている「ジハード勢力」は、二〇一〇年代初期、ウェブ細胞からはじけるようにSNSによって急速に増殖し肥大化していった。ジハードの宣教活動は、聖戦に興味のない若い世代やムスリムでない世代にも無限に広がっている。「ぼくのような仏語圏の者には、全然理解できなかった一連の説教に仏語訳付でアクセスできるようになった。二〇〇〇年まではイスラム教と言うとき、何にアクセスできた？　地区のモスクでイマームの説教を聞いて、そのあと自分でコーランに立ち向かうだけだった。二〇〇一年に十五歳だった若者は、今は二十五歳だ。彼らは教育を受け、一連の説教にもアクセスできる。現在、まったく新しいムスリム世代が活動している。今はインターネット、フォーラム、ユーチューブやフェイスブック……とすべてがそろっていて、人びとは広大なビジョンを自分のものにできる時代だ。一時は聖戦について語るとき、ボスニアのジハーディストしかいなかった。戦地に行った戦士たちは確信を持ち、社会的にはドロップアウトした者が多かったかもしれないが。今はどうだろう。ジハードに行く若者たちは、義務教育もほとんど終えない非行少年から犯罪者上がりの者まであまりにも多い。二〇〇八年のテレビ視聴率を見ればわかる。ラジカルな番組として、ジハーディストの軍事訓練シーンや兵舎キャンプ場面などの検索数は一〇〇〇から一五〇〇。人びとが関心を持ってないか、あるいはこの種のシーンにつながるキーワードを選んでいないためかどちらかだ。今日ではいわゆるハードな画像は一週間か二週間のあいだに三万から四万の検索数を記録している」。

マイケル＝アブ・ラヤンによれば、ウェブ・ジハーディストの爆発的な伸びは、それだけ同調者を増大させるだけでなく、暴力的な行動を知らせる危険性をも高めるのではないかと言う。「インターネットを世界に広めたことは西洋にとっては自殺行為でもあったのだ。画像の持つ威力やユーチューブが与える影響を過小評価してはいけない。ユーチューブはそれほど古くなく、せいぜい十年でしかない。今日の十八歳から二十歳の世代は、ウェブとSNSの大衆化初期に八歳か十歳だった。彼らは一人でインターネットで育ち、家族にとって、エイリアン（映画『エイリアン』に出てくる架空の地球外生命）になり、完璧な突然変異体にまでなれるのである。毎日のように、誰々がシリアに移住したとか、誰々が家族に何も言わずに去って行ったということを耳にする。血でつながっている優しい家族の前にいるのは、家族とは無関係なパラダイム（範疇）のなかでインターネットが育てた変異体なのである。これこそインターネット世代が起こす大革命なのである。わたしは四十代だが、イスラミストと呼ばれる友人は一〇人ほどしかいない。しかし子供時代からイスラム主義のなかで育った青少年の頭の中で何が起きているか想像してほしい。西洋の若いムスリムは、西洋の教育を受けてきたのだが、白人とは異なる人種なのだ。彼らは幼児時代から9・11やビン・ラディン、ザワヒリ、ザルカウィ、他のアルカイダのリーダーたちの名を耳にしながら育ってきた。もちろんマグレブ系の全青年がそうだとは言えない。彼らのほとんどはアルゼンチンのサッカー選手リオネル・メッシやOM（オリンピック・マルセイユ）、PSG（パリ・サンジェルマン）の試合しか頭にない。しかしまじめに考えれば、若いムスリムが爆弾を作る技術を持っていたならば、ひどい被害が出るのは確実だ。今のところ、西洋がさほど心配しないでいられるのは、血気盛んなムスリムが、自らのアイデンティティを模索中であるということだろう。彼らはネット上に自ら武器を持っている姿や戦士たちの写真をアップロードする。ちょうど三、四十年前に、壁面にチェ・ゲバラやボブ・マーリー(訳注4)のポスターを貼ったように、聖戦士たちは彼らのチェ・ゲバラなのだ。それが一般的なムスリムだが、今のところ、爆発物や化学物質を扱うにも組織立った技術を有する者はあまりいない。それが逆のシチュエーションになったなら、想像できないほどのテロ事件が起きているはずだ。そうならなかったのはなぜか？　フィーメン(訳注5)（フェミニスト・グループ）やシャルリ・エブドなどもこれでもかこれでもかと、イスラム教徒にたいし挑発しつづけた。それらにたいするムスリムの反応は？　ムスリム側からのどんな反応を待っていたのか。わたしは、それらに刃向うだけのもっと多くのテロが起きてもおかしくないと思っていたくらいだ」（二〇一三年

訳注4　ジャマイカのレゲエミュージシャン（一九四五～八一年）。
訳注5　二〇〇〇年代初期にウクライナで結成された、トップレス女性たちの抗議団体。

九月のインタビュー）。

ジハードのイコン、ビン・ラディン

もちろんこの新しいジェネレーションはＩＴ革命だけによるものではない。直接的にはアルカイダの作戦が生み出したものであるが、それぞれの状況が彼らに有利に働いたからだ。９・11のあと、アルカイダは地球上の最強の米国軍隊の攻撃によって弱体化し、戦士数も減退し、資金も凍結された。アフガニスタン、パキスタン、イエメンのアルカイダ基地も米軍のドローンによって攻撃された。以後、歴史に残るような反撃を仕掛けるだけの手段はなかった。西洋を恐怖に陥れつづけるには、大規模なアルカイダの反撃を受けるだろうという被害妄想を諸国民に植えつける新しい作戦を練る必要があった。９・11のあと、岩穴の中でビン・ラディンが練った作戦とは、後の世代のイコンとなったウサマ・ビン・ラディンの脅威を永続化させることだった。「パレスチナに平和が来ないかぎり、アメリカは平安の夢を見ることはないだろう」。アメリカと連合国にこの脅威を与えつづけるために、アルカイダは大規模な作戦を止めて、インターネットを利用し、個人による個別ジハード（聖戦）を、なるたけイスラム教に改宗した西洋諸国の若者たちに遂行させるようにしたのである。

この〈一匹狼作戦〉と呼ばれる戦略は、アラビア半島のイエメンのアルカイダ支部のインターネットのプロモーションサイトでイマーム、アンワル・アウラキ(訳注6)によって押し進められた。彼はアラビア語のテレビでは「ウェブのビン・ラディン」とも評され、若い世代は彼のイメージに自らを見出し、非常な人気があった。シリアに行ったフランス人戦士ヤシヌは言う、「彼はぼくらと同じ世代で、イエメン人だけど、米国で育ち、ぼくらと同じ少年時代を送っている。街の少年時代から家庭の崩壊へ、米国で学業を経て、二十歳になってから、イエメンに戻り、イスラム教を研究する。こうした彼の過去は、ぼくたちの過去とも重なり合い、身近に感じられ、彼の言うことはぼくらに強い影響力を持つ。十歳か二十歳もの開きがあるけれど同世代だ。ウサマ・ビン・ラディンはサウジアラビア生まれなので背景が違う。アンワル・アウラキは人前で話ができ、ぼくらが毎日使っている言葉で話すからよく理解できるのだ。平易な言葉だからイスラム教の知識がなくてもいい。彼の言うことにはインパクトがある。そのために彼はドローンに撃ち殺された。ドローンに狙われたのは、信徒に影響を与え、敵側に邪魔になるからだ」。

シリアに行ったもう一人のフランス人戦士、スレイマンもアンワル・アウラキを同様に尊敬している。「感性的にもぼくは彼に敬愛の念を抱いている。イエメン人である彼を知ったのはやはりインターネットでだった。彼の持つカリスマ的な面や、迫力、雄弁さ、話術、彼のたどってきた経歴など。彼を知る以前は、ぼく自身に確信を持っていたのだが、彼の前で、ぼくはまる

訳注6　「アラビア半島のアルカイダ」（ＡＱＡＰ）の最高指導者（一九七一～二〇一一年）。

でゼロだということがわかった」。イラクとシャーム〔歴史的シリア地域〕の〈イスラム国〉に合流したアブ・ナイムも彼について語る、「彼のしたことは膨大だ。アメリカで生まれ育ち、英語とアラビア語に堪能だ。彼のような戦士はあまりいない。はかり知れない知識の持ち主だ。アッラーは彼の殉死を受け入れてくれるはずだ」。

アンワル・アウラキの名は一般にはあまり知られていないが、彼はイエメンの元大臣の御曹司だった。祖国の知識階級のエリート層に属し、米国のコロラド大学を卒業している。一九七一年、ニューメキシコ〔米国〕で生まれ、二〇一一年、四十歳のときイエメンで米国のドローンに撃たれ戦死した。丸いメガネをかけ、厚いひげを伸ばしたこのアメリカ人こそ、アルカイダ・グループの幹部にまではならなかったが、「アラビア半島のアルカイダ」〔AQAP〕の看板男だった。彼こそ、フェイスブックとユーチューブを駆使して自国の若者たちにジハードへの参加を呼びかけた人物なのである。彼の死後も、カリフォルニア的アクセントのある親しみやすい説教はカリスマ性のある力を持ち、今も西洋の若者たちのあいだに人気を保っている。

彼のほとんどのビデオや書いたもの、例えば「無信仰者の財産を奪うこと」や「来世の楽園の人びと」などのビデオの仏語版はグーグルでキーワード「Awlaki vostfr」を入れれば、他のアメリカ製サイトと同様にアクセスできる。ＡＱＡＰ（「アラビア半島のアルカイダ」、イエメンを拠点とするスンニ過激派組織）の戦略が彼の有名な文章「ジハード支援の四四方法」に紹介されている。それは二〇〇八年に英語圏の彼のサイトにアップロードされた。以来このクラシックPDFはフランス人ジハーディストたちのハードディスクに収納されている。言うなれば、それはジハードの指南書であり、西洋の若いジハーディストの必読書となっている。各自の能力に応じてジハードに参加するための技術や方法を詳しく解説しており、「イスラームにおける最大の行動」として、「親が反対しても、夫が反対しても子どもや妻は実行しなければならない」としている。第一の定めとして、誠意をもって殉死することを首長に願い出ること。「なぜなら、アッラーの敵がいちばん恐れているのは、死ぬことを愛する戦士なのだから」。肉体的にもそれができない者へのミニマム（最低限）の支援は、「裕福な生活を離れ」、自分の資産を投げ出してジハードを支援すること。「なぜなら資金がなければ一人もジハーディストになれず、ジハードには資金が必要なのだ」。これらの一つ一つの定めがコーランの章を締めくくっている。スンニ派の「ハーディス」（ムハンマドと使徒らの言行録）やイスラム法の範例、たとえば「救貧税から受けられる報酬は十倍にもなる。しかし聖戦に費やされた寄金への報酬は七百倍にもなる！」。資金を集め、聖戦士を「支援する」ことは、彼の移動の費用や、戦闘中の留守家族や、戦死した後も遺族の面倒をみるためにも役に立つ。「殉死者は、イスラム教のために、ムスリムのために戦ったのだから、殉死者の遺族は尊ばれ、大事にされなければならない」。

戦いたい者はまず武器の使い方から、救助法などを自分で訓練しなければならない。聖戦をつづけるには、「長時間歩きつづけ、ゲリラ戦のためには長距離を走ることができ、市街戦のためには全力疾走でき、山岳を走り登れる体力が必要だ」。啓典を学習し、「契約と否認」の教義を信じ、「アッラーへの忠誠」と「背教者に対する敵意」を確信すること。彼らの子どもは、「ジハードと戦士の愛のなかで育てなければならない」。どんな場合においても、前線にいる兄弟たちのために祈ることで支援し、彼らの秘密を守ってやり、他の戦士を勇気づけ、「とくに西洋のメディアがばらまく偽りにたいして戦わねばならない。それらは「事実だとか客観的だとか、もっともらしいごまかしのコートを羽織って報道するが、それらはサタンの口笛でしかない」。なぜなら西洋のメディアは西洋連合軍空爆のなす残虐さを過小評価し、「〈イスラム国〉による攻撃を誇張して報道しているのだから」。反対に、ムジャヒディンについての情報を流すべきなのだ。「そうすればジハードは活き活きし、一般の若者に関心を持たせられるのだから」。

この腐敗した西洋のメディアを避けるために、アンワル・アウラキは、ムジャヒディンたちに「検閲なしの討論フォーラムやジハードに関する情報をアップロードできる」サイトを立ち上げるように呼びかける。その中の29章は〈www.jihade.com〉というタイトルで、メールで情報を仲間と分かち合い、アラビア語を理解しない人びとのために「ジハード文学のフランス語訳」を奨励する。フランスではこのキャンペーンが成功し、二〇〇七年、仏語フォーラム「アンサール・アル・ハク」が生まれた。同サイトの創立者たちはジハーディスト文学のフランス語への翻訳を押し進め、フランス国内で広めていった。以来、それは一〇頁ほどのフェイスブックで公開された。しかしサイトの関係者たちが警察とのトラブルを抱え、さほど活発にはなれなかったので、外国籍のサーバーを利用している。こうしてジハードのフランス語版バーチャル図書は豊かになりつつある。アクセス無料、数千にのぼるビデオ、ＰＤＦサイズの書籍は立派な仏語に訳されている。

もはやイスラム教の教義はモスクではなく、「ジハード・サラフィズムの基本的教義」もサイトで読めるのである。これらの電子書籍が扱っているテーマの本はフランス国内のイスラム関係専門の書店でも手に入る。アンサール・アル・ハク関係者は、彼らのプロパガンダが与えるインパクトをよく意識しており、しばしばアルカイダのナンバーワンの思想家アイマン・ザワヒリの言葉を引用する。「ジハードのメディア化は戦いの半分を占める」。

一六〇〇頁におよぶ記念碑的作品

「アラビア半島のアルカイダ」の通信手段の一つ、英語版マガジン『インスパイア』は西洋諸国の警察当局を当惑させる。通常の情報誌のように編集され、このＰＤＦサイズの機関誌はウェブにアップロードされ、各国のボランティアたちにジハードへの呼びかけを行ない、単刀直入にモハメッド・メラがしたように個別テロの遂行を強く勧める。二〇〇九年十一月五日、テキサスのフォートフッド陸軍基地での銃乱射事件のように。犯人ニダル＝マリク・ハザンは米軍の精神科医。彼の所属する部隊がアフガニスタンに派兵されると知って、一三人を射殺し、三〇人を負傷させた。ハザンは、アメリカ・イエメン系イマーム〔指導師〕、アンワル・アウラキの生徒だった。イマームに示唆されて銃乱射事件に及んだのではないかとみられている。裁判法廷で犯人は自身をムジャヒディンだと自認し、死刑判決を受けた。アンワル・アウラキは聖戦士の勧誘活動をしていたことが疑われた。またロンドンの優秀な学生だったウマル・ファルークも二〇〇九年、アムステルダム・デトロイト間旅客機の空中爆発テロを試みている。テロは一つが成功し、もう一つが失敗に終わったが、二〇一〇年初期の『インスパイア』誌は、二つの計画を称賛している。それ以来、一〇号が発行されているが、〈一匹狼作戦〉の計画から遂行まで理論的に解説している記事は専門家アブ・ムサブ・アル・スリが書いている。ジハードの識者である彼は、シリア人だがスペイン国籍を得、対ソ連戦争の戦略家として認められるまでになった。彼は、当時のウサマ・ビン・ラディンの計画に反対した少数の識者の一人だった。『インスパイア』誌は彼の一六〇〇頁におよぶ巨大作品の抜粋を再版している。彼は歴史家として、また哲学者として一九八〇年以来のジハードを冷徹なまでに克明に類似論を展開している。結論として、金のかからない効果的な作戦とは、戦士一人一人が手製の爆弾で西洋諸国の市民を狙うこと。それによってメディアに最大限のインパクトを与えられるのである。

この「孤独なジハード」の提唱者は、二〇〇四年、マドリードで惨劇を生んだテロの遂行に決定的な役割を果たしたと疑われている。また二〇一二年、モハメッド・メラがユダヤ人生徒と仏兵、合わせて七人を射殺した事件、さらに二〇一三年、ボストン・マラソン中のツアルナエフ兄弟による爆弾テロ、ロンドンでイスラム教に改宗した二人のナイジェリア人による英国人兵士の路上での斬首テロ、それから一カ月後、連鎖的にパリのラ・デファンス地区でイスラム教に改宗したフランス人がカッターで対テロ特別班の兵士を負傷させた。これらのテロのほとんどはアブ・ムサブ・スリによって推奨されたものだった。彼はロンドン滞在中に検挙され、シリア警察に送致された。二〇一一年、「アラブの春」革命の初期、何人かの大学教授たちは、皮肉にもシリアのアサド大統領が彼を刑務所から解放し、反乱軍を「ジハード化させ」、反乱軍の弾圧を正当化するためのプロパガンダに、彼を利用したのではないかとみている。アブ・ムサブ・アル・スリのフェイスブックはジハード「第三世代」の英語圏の一般人にかなりの影響を与えたのだが、フランス人はあまり英語を解さないので、さほどのインパクトは与えていない。サイト「アンサール・アル・ハク」では、二冊しかフランス語に翻訳されていなかったのだが、それに携わった関係者の一人が検挙された。

9 聖戦のパンテオンに

「ビン・ラディンを、ぼくは偉大な父親のように敬愛した。彼を抱擁したかった。彼がなしたすべてを崇めたかった」

グローバル・ジハードの歴史に残る人物のなかで、「戦地で殉死した戦士たち」は若いジハーディストたちを魅了しつづける。仏語字幕付のユーチューブで、フランス人ジハーディストたちはウサマ・ビン・ラディンの説教を聞いて、暗記している。シリアの前線で待機しているときも、アブ・ナイムが語るように、「ぼくらが参加していた当時、最大の偉業をなしたのはビン・ラディンだった。なぜなら彼がイスラム聖戦を復活させたからだ。そしてジハードに真の価値を与えた。彼はムスリムにも無信仰者にも絶大なインパクトを与えた。そのうえ彼はハンサムだ。彼の弁舌も素晴らしかった。たびたびシリアで仲間たちとビデオを見ている。彼の顔を見ているだけで、気持ちが良くなる。彼の表情には、イスラームの美がそなわっている。彼はイスラームのために、真実のために戦った。アッラーのために戦った敬虔な戦士だった。アッラーが彼に殉死者の地位を与え、彼が行なった偉業を讃えてくれることをアッラーに願ってやまない」。ビン・ラディンの後継者アイマン・ザワヒリにはビン・ラデインのようなカリスマ性はなく、彼は厳格すぎてシリアの戦士たちのあいだに不調和を招き、全体のコンセンサスは得られなかった。反対にビン・ラディンはすべての面で理想的だった。一方、フランスの更正施設で大きくなったスレイマンは、シリアに行く四カ月前にイスラム教に改宗し、ビン・ラディンを精神的父親とみなす。「ビン・ラディンはナンバーワン。ぼくは彼を父親のように敬愛し、抱擁したいほど。彼のすべてを愛し、彼の自伝も、彼の表情も、彼がしたすべてを尊敬する。そう、一〇〇パーセントの十倍、彼を尊敬している」。

アブ・タスニム、二十歳。シリアの聖戦士。彼はイスラム教に改宗して、まだ一年そこそこ。フランスでアルカイダの創立者が批判されるのが耐えられない。「ビン・ラディンは偉大で、イスラームの英雄。彼に愛着を覚えるほど。人びとが彼を罵ったり批判するとき、ぼくはひどく傷つけられる。彼の出現は啓典の中で預言されたこと。ムハンマドも預言していた、百年ごとにスンニ派を復活させる偉大な人物が現れると。ぼくたちの世紀に現れたのが彼だった。彼が現れる前のイスラム社会は仮眠状態にあった。彼の出現によってイスラームが目を覚ましたと言える。億万長者だった彼がすべてを捨て去り、山岳の岩穴の中で、アッラーの啓典を現実化してくれたのだ」。

9・11事件の犯罪性を語るよりも、ヤシヌのビン・ラディン崇拝は、サウジアラビアの億万長者がすべてを投げ出し、アフガニスタンでの戦いに身を投じたことからだった。「テレビは、彼についてのニュースを報道するが、彼が語ったことについては報道しない。したがってぼくはインターネットで彼のビデオを探し出し、仏語の字幕が正しく訳されているか、アラビア語のわかる友人に調べてもらった。素晴らしい、彼の説教と人物自身に感動した。億万長者だったがすべてを投げうってアメリカと戦う。真の信仰だけに根ざしていただけなら、何を勝ち得ただろう。金はわんさと持っていた。どんな人物であるのかも知られていた。彼の戦いはぼくから見れば、誠実な行動だったと思う。サウジアラビアは彼の私有財産を差し押さえ、彼はすべてを失った。しかし、現実には彼はすべてを獲得したのだ。最初は彼自身のために戦っていたが、終始ムスリムのために戦ったのだ。彼の言った言葉が忘れられない。『パレスチナが平和を獲得できないかぎり、アメリカも平安を得られないだろう』。彼がこの言葉を言うのを耳にするたびに、ぼくは震撼とする。この男はただの男ではない、自分の富から妻、子どもまですべてを捨て去り、イスラム戦士と山岳の岩穴で眠ることもいとわない。絹のベッドで寝られるのに、とぼくは自分に言い聞かせた」。ウサマ・ビン・ラディン以外に尊敬されていた戦士のなかに、アフガニスタンで生徒だったアブダラ・アザン(訳注1)がいる。このパレスチナ人は、一九八九年のテロ事件で死んだが、現代ジハードの父とも見られている。彼が最初に外国人ジハーディストをムジャヒディン基地に迎え入れ、将来のアルカイダへと成長させた。次に来るのが、最近登場した人物、リビア人アブ・ヤハ・アル・リビ(訳注2)で、アルカイダ本部のナンバー2。またヨルダン人アル・ザルカーウィーは、「イラク・シャームのアルカイダ」(今日のイラク、シリアの〈イスラム国〉の創立者だ(イラクやレバノンで〈イスラム国〉と呼ばれている組織は、アラビア語や英語、フランス語での名称の頭文字をとってISISまたはDaesh(ダイーシュ)とも呼ばれ、ジハーディストたちの間ではアラビア語で「国」を意味するDawla(ダウラ)とも呼ばれている)。

聖戦士のスター化

フランス人ジハーディストたちが〈イスラム国〉に惹かれる理由は、アトラクションともとれるアクションが常にウェブに登場するからである。

アメリカ軍のイラク侵攻後、アルカイダを創立したアル・ザルカーウィーが超過激的でこれ見よがしの派手な戦略によってスンニ派の無数の極小反乱グループを吸収していった。このヨルダン人首長は作戦の中心にビデオとインターネットを置いた。彼を世界的に有名にさせたのは、二〇〇四年、米国人ジャーナリスト、ニック・バーグの斬首シーンの画像をネットにアップロードしたことだった。以来、米軍にとって極悪人となったアル・ザルカーウィーは、二〇〇六年、米軍のドローンによって撃ち殺された。が、彼のオーラは輝きつづける。多くの若者は、元犯罪人の改悛後のイスラム教への改宗から、アルカイダの頂点にまで達した彼の経歴に、自らの経緯を重ね合わせる。

今日、〈イスラム国〉の名のもとに、同グループの情報部は無数の画像を発信しつづける。撮影班は各戦闘や斬首現場に立ち合い、全画像をネットにアップロードする。自爆テロの数分前に、爆発物を詰め込んだ車の運転席で自爆テロ志願者は、住民が集まる広場や軍部の施設に突っ込む前に、ビデオに最期の決意の言葉を録音し、ジハード志願者に、彼の行動を見習ってほしいと呼びかける。また敵地攻撃の際には、戦士はカラシニコフ銃の先にゴープロカメラを据

訳注1　パレスチナ人（一九四一～八九）。ジハードのイマームとして世界ジハード運動を広めた。
訳注2　リビア生まれ（一九六九～二〇一二）。パキスタンとアフガンの中間地域で活動し、アルカイダのプロパガンディストとしてビン・ラディンに並ぶ知名度を持つ。

え付けて、見る者を戦闘場面に引き込む。これと同じ戦略的場面は、目隠しさせた敵軍の大量の捕虜を一列にひざまずかせ、次々に斬首していくシーン。牢獄の格子の後ろでピストルとナイフを持って立っている斬首兵が、次々に殺していき、その背後で、もう一人の戦士がビデオに撮っていく。

このようにして〈イスラム国〉は「自国のスター」をつくり上げていく。その一人、イラク人アブ・ワヒブは無名のジハード戦士だったが、トラック運転手三人がシーア派であることだけで、一度に三人を冷酷に斬首したビデオの画像で一躍スターなみに有名になった。それらの場面は、だいたいイラクの砂漠地帯で繰り広げられる。アブ・ワヒブは、中型トラックを停車させ、武器を持っていない運転手たちを下ろす。「おまえたちはスンニ派か?」の質問に全員が「そうだ」と答えたが、アブ・ワヒブは彼らを疑う。そこで彼は「夜明けの礼拝には何回跪拝《きはい》しなければならないか」と質問した。運転手三人とも正しく答えられなかった。アブ・ワヒブは即座に三人をカラシニコフで銃殺し、遺体を肉屋のミートフックに吊るして道端に置いていった。以来、彼は「シーア派の屠殺人」という異名を与えられ、インターネットで讃えられ、どんな状況にも最適な人物としての栄誉を獲得した。「彼はネット画像の有名な人物となり、ユーザーたちは次の画像を待ち望んでいる」と、ウェブ・マガジン『SLFマガジン』(訳注3)のチュニジア人創立者バデール・ラヌアールは書いている。フランス語版『SLFマガジン』は、「現代サラフィー主義」をうたい、インターネットによる「ジハーディスト文化のユーモア」にも力を入れる。

また〈イスラム国〉は、占領地での宣教活動にも力を入れる。とくに子どものための催し物など。ビデオに映るのは、一人の戦士が斬首したばかりのシーア派捕虜の頭の毛を握っている場面や、戦士の腕の中でちぢこまっている子どもにアメ玉をあげている場面などが出てくる。このようにして真正のイスラームの、無信仰者には過酷で、彼らと同じ派の信仰者には心やさしいグループとしての伝説がつくり上げられていく。

〈イスラム国〉はDawla（ダウラ）と呼ばれることもあり、アラビア語では「国」を意味する。自称〈イスラム国〉は数省からなるが、それは偶然によるものではない。ライバルのアル・ヌスラ戦線（スンニ派反政府武装組織）はシリアのバッシャール・アル・アサド大統領が率いる政権にたいして戦っているが、〈イスラム国〉は、占領地にイスラム法（シャリーア法）を導入することが目的なのである。同組織は、学校教育をし、工場を運営し、食料やパンなどを配給している。公共の広場での斬首や西洋国のジャーナリストたちの人質、殺害とは関係なく、独自の裁判所や宗教警察をも完備している。この司法組織により、町や地区での厳しい監視と取り締りによりシャリーア法が隅々まで行きわたっている。

訳注3　二〇一二年七月、ラヌアールが立ち上げたウェブ・マガジン『SLFマガジン』は、ハイテクからファッション、ライフスタイル、教育まで広いテーマでサラフィスト系読者をねらう。

アブ・ナイムはこのグループに忠誠を誓っており、その創立者の言った言葉をよく引用する。「イラクでアル・ザルカーウィーはシーア派について、とても素晴らしい一言を言った。現在、戦っているシーア派戦士たちに、『ここまで戦いに来る前に、自分の父親は誰なのかを知ったうえで来い、父無し子ども！』と怒鳴った。なぜならシーア派は結婚といっても一時的なものにすぎないからだ。したがって、自分の父親が誰なのかわからない」。戦士たちの上に君臨するイスラム教の識者のなかでいちばん人気があるのは、アル・ザルカーウィーの元先生である、パレスチナ人モハメッド・アル・マクディシだ。(訳注4)

インターネットでアクセスできる数百の書物のなかでも、フランス語に訳されているマクディシの著書『これがわたしたちの信仰』やドイツで解散されたミラチュ・イブラヒム（サラフィスト・グループ）組織についてグーグルでPDFサイズでアクセスできる。とくにアンサール・アル・ハクの資料は尽きない。これらの本はジハード・サラフィストの基本を展開しており、ムハンマドの使徒たちによる二、三世代以降のイスラム初期の教理を引き継ぎ、ムハンマド時代のムスリムの健全な伝統を数世紀にわたって腐敗させていった宗教改革などをすべて排除することだ。それはアッラーが唯一神であることの教義からはじまり、「アッラーのほかに神はなし」という教義を全ムスリムが分かち合い、「ムハンマドはアッラーの使徒である」とシャハーダ（信仰告白）を唱えることで閉じられる。しかし、この唯一神論はイスラム教の数派によって一応の厳格さをもって解釈される。サラフィスト・ジハーディストにとって、シーア派は別として、スーフィー派（彼らと同じくスンニ派だが神秘主義派）は、霊廟の中でカトリックのように、先祖や聖者の偶像崇拝を行なっていることからイスラム教から破門されている。これを理由に〈イスラム国〉はマリやチュニジア、リビアの宗教的記念物を破壊していった。

神を他の神と併置することは多神教徒とみなされる。ジハーディストは、彼らにたいしタクフィール（背教徒宣言）をし、ジハードに従わない者は武器で弾圧し殺すことも許される。穏健派イスラム教徒は、ジハーディストのことを「過激タクフィリスト」（訳注5）とみなす。ジハーディストにとってこのレッテルを貼られることは侮辱でしかない。ムスリム一般人は、こぞってジハーディストらをイスラム教では許されない彼らの行き過ぎを批難する。そして多くの者が、いかにしたら彼らの行き過ぎを抑えられるかを問題にする。この点について現在シリアにいる若いフランス人ジハーディストは興奮して言う、「ここにいるジハーディストのなかには、『町全体の住民、そしてムハンマドの使徒たちにたいしてもタクフィール（背教徒宣言）をし、全員殺してもいいい！』と言う兄弟もいる。こうなると気違い沙汰だ！」。

訳注4　アルカイダの精神的指導者。
訳注5　無信仰者や多神教徒に背教徒宣言することをタクフィールすると言う。その決まりを守る者はタクフィリスト。

「アニメ『ライオン・キング』のビデオの前で、ぼくは生まれて初めて涙を流した」

著書『これがわたしたちの信仰』の中で識者マクディシはサラフィスト・ジハーディスト思想にもう一本の柱を加えている。「ワラ（契約）と「バラ（否認）」を対峙させ、「公正の実現と不正の否定」の論理を展開している。良いムスリムを保護し、アッラーのために愛情をもって彼らと袖を分ち合うこと。その反対に、無信仰者を否認し、アッラーのために敵意をもって彼らを攻撃し、最初は言葉で攻撃し、必要なら武器をもって攻撃しなければならない、と。この決まりについては多くの解釈がなされている。まず、すべてのムスリムはヒジュラ（移住）の義務がある。イスラム歴初年にあたる六二二年に預言者ムハンマドの使徒たちが、聖地メッカからメディナに移住したことが由来となっている。ムスリムを汚しつづける無信仰者の地を去り、自分の宗教をきちんと信仰できる地に定着すべきなのだ。ジハーディストにとって移住すべき地はジハードの地しかない。なぜなら真の移住地とは、厳格なシャリーア法が適用されている地しかない。アッラーの真の律法は、とくに戦争によって敷かれる、今日のシリアでの戦争のように。サラフィスト・ジハーディスト思想のなかでの「アッラーの唯一神性」という根本を無視して制定されたものは無信仰者のものとみなされる。これにおいてもすべてを否認し、まず言葉で、さらには武力で戦わねばならない。なぜなら根本的に、民主主義とは無信仰のもととなり、人民のために制定したものであり、アッラーの敷いたシャリーア法のためではない。必然的にそれはジハーディストにとって「違法」となるのである。このようにして、民主的選挙投票に参加する者はイスラム教から破門され、自動的に無信仰者となる。最初にその対象となるのは、民主主義という制度を導入したエジプトのムスリム同胞団やチュニジアのアンナハダ党など。(訳注6) その意味でジハーディストとフランスの極右政党、国民戦線党が説く「イスラームと民主主義は折り合わない」という思想が一致する。

ジハーディズム文学とサイト「アンサール・アル・ハク」の内容が同一視され、ネットで検索される画像に若者が影響され、自分が生まれた国、フランスをアッラーのために憎悪するようになるのはあまりにも簡単だ。アブ・ダウード、十八歳、元自家用車の泥棒犯、シテ（郊外団地）の元麻薬ディーラーは、数カ月でイスラム教に改宗した。彼はユーチューブで、二〇〇四年、米国のイラン侵攻時のファルージャの大戦で戦ったイラクのスンニ派の若い戦士の話をビデオで見て、チュニジアの「アンサール・アル・シャリーア」（イスラム法を信奉するグループ）に加わる気になったという。「ビデオでアニメの『ライオン・キング』を見て、ぼくは生まれて

訳注6　一九八一年に「イスラム潮流運動」の名称で創立され、八九年に穏健イスラム政党アンナハダ党に改名。二〇一一年十月二十四日のチュニジア制憲議会選挙で第一党に。二〇一三年二月六日、人民戦線指導者ベライドの暗殺後、与党アンナハダ党への抗議デモとゼネストに発展。

初めて泣いた。このイラクの兄弟がどんなに大きな任務を背負っていたかがわかるのだ。ビデオの中で、サウジアラビアのムスリムの識者に訊きたい。『どうしてわたしたちを見捨てることができたのか』と。彼が言うには『飢餓を癒すために木の葉を食べ、体が渇きすぎ尿が出ず、かわりに出たのは血尿だった。妻子の名誉のために戦いながらラジオを聞いていたら、サウジアラビアのイスラム識者たちは、ぼくたちを〝迷えるテロリスト〟と称していた」。イスラム教に改宗した別の「生粋の」フランス人ジハーディスト、セドリックは、「イスラム・マグレブ諸国のアルカイダ」（ＡＱＩＭ）(訳注7)の別のビデオで、モクタール・ベルモクタール（アルジェリア外国人人質事件首謀者アブ・アッバスの別名）の片腕で、「赤ひげ」とも呼ばれるオマル・ウルド・ハマラを見てジハードの炎を焚きつけられた。「ぼくにとってはオマルのビデオが最高だった。彼が『クーラーを取り付けるために来たのではない』と言い、物質主義のこの低劣な世界にたいして戦うために来たのだと言ったことが、ぼくのここに来る動機になった」。さらに製作者匿名のビデオで、アサド大統領支持のシーア派によるスンニ派にたいする凄惨な仕打ちを見てから、兄弟たちを守らなければならないと発奮し、シリアに来る義務感を覚えたという。

西洋が発明したインターネットを、彼らを攻撃するための武器にする

しかしながら、フランス人ジハーディスト全員がイスラーム帰依や改宗をインターネットで

行なっているのではない。ほとんどの場合、サラフィスト・ジハーディストについてのドクサ〈臆見〉を見出し発見するとき、彼らはそれを「真正イスラム教」または「完全なイスラム教」とみなす。シリアに行く前にヤシヌは、ウェブ時代の聖戦世代とモロッコにいた時代の両親の世代との大きな違いを指摘した。「フランスに移民として来た親たちと、ぼくたちの違いは知識の量の違いと言える。今日、ぼくたちはインターネットですべてを知ることができる。見たくないと思う者ほど盲目の者はいないだろう。万人が手に取れるインターネットほど素晴らしいものはない。国境もなくなり、フランスで禁じられている指導師の説教を自由に聞け、フランスで発禁となっている書物も読め、読めば、どうしてフランスで発禁となったかその理由がわかる。フランスが禁じたものを、禁じられる前に読んでいたならば、どんな影響を及ぼしていただろう。指導師ハザンやビン・ラディン、アンワール・アル・アウラキ、イラクとシャームの〈イスラム国〉の創立者アル・バグダーディー、アブ・ヤハ・アル・リビと数えきれない。シリアの指導師らばかりをユーチューブで見ている。イスラームの真の識者は現在、戦場にいる。サウジアラビアの肥満体の政治家たちではない。真の識者の言うことには信憑性があり、われわれの宗教の基本としてジハードに拠点を置き、神の唯一性、〈契約と否認〉の教義を基礎とす

訳注7　ＡＱＩＭはサラフィー主義のアルカイダで、九〇年代のアルジェリアのＧＩＡ〈武装イスラム集団〉による住民虐殺に反発してはじまり、二〇〇六年アルカイダに合流した。

訳注8　ビン・ラディンの片腕だった。二〇一二年六月四日に戦死。

る。誰と結ばれ、誰を否定するか、誰と結束し、誰が敵であるかを知ること」。アルジェリア系の若いフランス人、アブ・アメッドは元ウェブ戦士で、今はシリアにいる真正な聖戦士。米軍の情報監視の中心的手段であるインターネットは、逆用することによって敵を攻撃するための武器にもなる。「西洋の機器で西洋諸国を攻撃する。好きなように作戦を組め、テクノロジーのすべてを駆使し、監視の裏をぬって、社会政策が不当だったら、住民もインターネットという利器を使って権力に刃向かっていける。今日、バーチャル世界は、反体制派や反逆者、不満分子を結集させ、組織化し、行動を起こすことができるのである」。

10　チュニジアのイスラム観光

「アメリア大使館に侵入し、すべてを破壊し燃やした」

二〇一二年九月十四日、金曜日の大礼拝の日、数百人の若いサラフィストたちがチュニスのいくつかのモスクからどっと出て来たかと思うと、全員が興奮状態で高級地区ラック街にあるアメリカ大使館に向かって行った。目的地まで一〇キロの距離をアンチ・アメリカのスローガンとジハードを讃える歌を交互に叫びながら行進して行く。黒い団旗を風になびかせ、メガホンを手に、車か、乗っている男たちがこぼれ落ちそうな満載の中型トラックにしがみついて、いくつかのグループが高速道路を進んで行く。空には、チュニジア軍の二台のヘリがオブザーバーのごとく旋回している。断固として進んでいくこの群衆が徐々に膨らみつづけたのは、ジハード組織、「アンサール・アル・シャリーア」（イスラム法の戦士）のフェイスブックがアメリカ討伐部隊に呼びかけたからだった。正午過ぎから約千人が大使館前に着き、叫びはじめた。「オバマ！　オバマ！　わたしたちは、皆ウサマだ！」。大使館前には数百人の警備隊員と、二台の政府軍の装甲車。建物の屋上には、望遠鏡を持つ二人のアメリカ歩兵隊員が現場の状況をうかがっている。最初に到着していたジハーディストたちや、イスラム革命同盟（ＬＰＲ）グループにチュニス北部の庶民地区クラムの住民が合流している。「宗教と革命」をスローガンにする彼らは、元フーリガンや元非行青少年、チュニジアの元ベン・アリー独裁政権の党員や過激な民兵だった失業者たちだ。群衆の前で、警備隊はじきに防衛力が不足し、アメリカ大使館の片側しか警備ができなくなる。米国側の外交官からの警報を受けた多数派アンナハダ政府は、反体制勢力の暴動を防ぐために治安部隊を増強させただけだった。現実には、与党の一部の幹部たちは、この群衆の立ち上がりに反対していたようには見えなかった。暴動の波が政府にまでおよぶとは考えてもいなかったのである。

燃え上がるアメリカ大使館の上に黒い団旗

この日、デモ参加者たちは二回、復讐の叫びを上げた。まずインターネットにアップロードされたアメリカ映画『イノセンス・オブ・ムスリム』は、アメリカ流福音的内容でありながら、ムハンマドを冒瀆し、踏みにじる作品だとして復讐する。もう一つは、それより三カ月前にアルカイダのナンバー2、アブ・ヤハ・アル・リビがパキスタン人部族の住む地域で米軍のドローンに撃ち殺されたことにたいする復讐だった。このリビア人はアルカイダが製作した多くのビデオ画像によって若者世代の人気を得ていた。アフガニスタン・ジハードのベテランとして首長の地位に当然つけるはずの人物だった。復讐として、リビアのベンガジのアメリカ領事館が機関銃とロケットランチャーによる攻撃をうけた。二〇一二年九月十一日、アメリカへの復讐のための攻撃によって、外交官三人とクリス・スティーブンス米国大使が殺された。彼の死骸写真は世界中で公開された。この日はリビア人にとっても、ツイン・タワー襲撃の第十一周年記念日だった。アッラーのために戦っている世界中の戦士にとって歓喜の叫びを上げるべき日だった。

チュニスでは、ジハーディストたちはリビアの仲間たちほど武装していなかったが、激しさにおいては引けを取らなかった。アメリカ大使館の前には黒い団旗が雷雲のごとく数千におよぶ黒い群れをなしていた。西側報道記者たちが攻撃の対象になった。フランス人女性カメラマンが顔面を打たれた。フランス人フリーランスのカメラが空中に投げつけられた。もう一人は、大きなナイフと石を握る三人のデモ参加者に引きずられ、「アメリカ政府のスパイだ！」と罵声を浴びせられた。警備隊は有刺鉄線越しに群衆の罵声と投石、弾丸にたいして警棒と放水によって防備するほかなかった。さらに状況が悪化していき、治安部隊は催涙ガスの放射に踏みきった。黒い警備服と覆面頭巾で「ニンジャ」と呼ばれる治安部隊が混乱する群衆の中に突撃していった。ところが警備隊は暴動者に迷路のような路地に追いつめられていき、警備隊護送車は略奪され、警備隊は暴動者に取り囲まれ、最悪の体勢に追い込められた。警備隊員一人は地べたに叩きつけられ、殴打のすえガソリンをかけられ、炎を浴び、きわどいところで同僚に助けられた。が、彼のピストルも防弾チョッキも暴動者に奪い去られていた。これらの警備隊は、ベン・アリー政権時代には、恐怖の別名でもあったのだが、今や混乱状態に。現場で一人の隊長が心臓麻痺で倒れ、一〇人ほどの負傷した隊員は除去される。さほど遠くないところで、政府軍が二台の装甲車から重機関銃を空中に向けて撃ち、暴動制圧部隊は大粒の散弾を放射する。デモ参加者たちの怒りが爆発する。幾人かは梯子を使って大使館の裏側の壁を登りはじめた。建物の周りで暴動者と警備隊が追いかけっこするなかで警備隊は、暴動者らが占拠している中央入口前から彼らを退去させることが急務だった。しかし一〇〇人ほどの暴動者が三メートルの高さの壁面を越えて黒い団旗をひるがえす。そのあいだ石と鉄棒で受付の前の窓ガラスを破壊する。大使館の庭園にも侵入したあと、アメリカ国旗は引きちぎられ、踏みつけられ、黒い団旗に換えられた。燃え上がるアメリカの代理公館、大使館の上に初めてこの黒い旗が勝利を誇るようになびいている。この情景を前にして、二十六歳のチュニジア人ジハーディスト青年は歓声を上げる。

「この日は神の栄光の日。今やっとアラブ民族が目を覚ましたのだ。彼らの敵が誰なのかはっきりわかったのだ。全世界のアラブ人にとって、社会的、経済的差別の加害者は唯一、アメリカだということ。これこそ十年前にアルカイダの首領ウサマ・ビン・ラディンがひと握りの戦士らと過ごした山岳の岩穴から説明したことなのだ。これこそ、全イスラム共同体とイスラームに目覚めた若者たちの掲げる目標なのだ。今日、われわれは皆アルカイダであり、もうじきカリファを築くのに何ら障害がなくなったのだ」（米大使館襲撃時のインタビュー）。

大使館の襲撃は激しさを増す。建物の壁に立てかけた梯子で、暴動者らは内部に駆け登っていく。地下駐車場の数十台の車が燃え上がり、数十メートルの遠距離からも立ちのぼる黒煙が見えた。ガソリン貯蔵庫が爆発し炎上するなかで機銃掃射が加わり、無政府状態の戦争場面が繰り広げられる。大使館内にある備品も収奪され、残りは炎上する。暴徒らは、警備隊の催涙ガスと銃弾の中でメイン建物に攻め込む。そこには「パニックルーム」と呼ばれる、大使と職員が防弾ガラスで保護され、救助が来るまでＧＩが保護の任務にあたる一室がある。米軍は地元民に向かって発砲できないのだが、暴動の激しさとその規模からして危機状態になり、チュニジア当局はオバマ大統領に緊急報告を送らねばならなかった。

当時のクリントン国務長官は、リビアのベンガジで起きた事件と同じことが起きていることを把握し、チュニジアのマルズーキ大統領に電話する。大統領は暴動の地から七キロ離れているカルタゴにあるベン・アリー元大統領の宮殿で昼寝をしていた。「昼食後、昼寝をしていた。邪魔しないようにと言っておいたのに。その日は気分が良くなかった」と、大統領は数カ月後、外国人記者会見(原注1)で言いにくそうに答えた。チュニジア人は彼に「操り人形」というあだ名をつけていた。

チュニジアでは、誰も大統領に迷惑をかけようとはしない。そこでクリントン国務長官は、危険な状態にある大使をできるだけ早く帰国させることを提言したのだが、マルキーズ大統領は大使館に大統領府の衛兵隊を出動させただけだった。このときすでに暴動者たちとの衝突で、七〇人の警備隊員が負傷していた。軍隊は対テロリスト警備隊と共に制圧に出た。現場は混乱状態になり、状況が悪化する一方で、軍隊には実弾を撃ち込む命令が下っていた。デモ隊員の中で三人が死亡し、もう一人は装甲車にはねられて死んだ。

最終的には、デモ隊が退いたあと、アメリカ人らは無事に救助された。チュニジアでは二〇一一年一月十四日のジャスミン革命以来、これほどのデモ隊と警備隊との衝突は初めてだった。他の国でなら、内務相は辞任に追い込まれるのが当然なのだが、アンナハダ政権のチュニジアではライエド内務相が数カ月後に首相に任命された。一方、マルズーキ大統領は、以前に二度ほど、同様の状態にあったときもそうだったように、何ら対策をとらずに辞任した。このときマルズーキ大統領も、政権にあるイスラム政党アンナハダ党も、チュニジアのジハード勢力の強さを感じとっていた。

先の記者会見で「この日、チュニジアが転覆すると思っていたが、最悪の事態を避けることができた」と、マルズーキ大統領は語った。政治家からメディア、市民までが状況を過小評価していた。むしろフランスのメディアが悪意でつくり上げた虚像としての〝反体制勢力〟として軽視し、直視することを避けてきたのである。しかし、アメリカ大使館の襲撃によって国民の目が開かせられたと言える。ＡＱＰＡ（アラビア半島のアルカイダ）のマガジン『インスパイア』誌一〇号は、この事件を大々的に取り上げ、「アンサール・アル・シャリーアは、世界中の

原注1　二〇一三年一月、カルタゴ宮殿で行なわれた、チュニス駐在外国人記者を招待した「オフレコ」の朝食会。

ジハーディストを奮い立たせたのである。

サラフィストにとって予想外の救い

この日、ジハーディストのなかに二人のフランス人がいた。ウィルソンは二十四歳のアンチーユ諸島出身のイスラム教改宗者。アブ・ムサブは二十三歳、仏・モロッコ系二重国籍者。ウィルソンは前日からアメリカ大使館前に待機し、他の者と、建物前でアメリカの国旗を燃やした。

この挑発的行動が対暴動治安部隊の出動を正当化させた。「翌朝同じ場所に来てみたら、異常なほどの官憲の大群が待機していた。ぼくは勇気を出して、そこで何をしているのか彼らに聞いてみた。それは普通の動員態勢だという返事が返ってきた。『オッケー、つまり毎日、三〇〇人の官憲が大使館前で警備にあたるのか。それを当然と思っているのか?』、『そうだ、当然のことだ』、『じゃ、おまえはどうしてそこにいるのだ?』と聞くから、『ムハンマドが侮蔑されたら、当然家から飛び出すさ』、『何のために?』、『まあ、何をするか見てればわかるさ』。彼はぼくがフランス語を話すので驚いている。彼を見返し、笑ってやった」。ウィルソンは他の若者たちを動員し、大使館内にある物を破壊し、戦利品を獲得する意志を固めていた。「館内に侵入し、ありとあらゆるものを破壊し、火をつけた。持てるものは何でも持ち出した。群衆のなかには、おれたちを罵倒し、泥棒扱いする者もいた。無信仰者のものを奪うことは泥棒にはならない。それは戦利品と呼ぶべきだ。たとえば、明日ぼくがフランスに戻って、覆面して銀行強盗をするとする。それは強盗ではなく、戦利品なのだ。残念なのは相手側に一人も死人が出なかったことだ。こちら側の仲間が殺されたけれど。そのあと住民に鎮まるようにと呼びかけがなされたけれど」。

この「戦利品」のなかには、大使館に到着したばかりのアップル製コンピュータがあった。十数人のデモ参加者たちがそれぞれ、まだ荷が解かれていないダンボールを抱えて出て行った。この日はアメリカとチュニジア治安部隊にとって屈辱的な日となった。「アンサール・アル・シャリーア」グループの首長アブ・イヤド(訳注1)が介入し鎮めることに努めた。ウィルソンは苛立たしさを隠せない。「ぼくらは兄弟戦士を轢《ひ》き殺した警備隊輸送車二台を炎上させようとしていた。警官の銃を奪ったが、弾が入ってなかった。その他に数着の防弾チョッキと盾を手に入れた。トラックを燃していたところに、アブ・イヤドが群衆に鎮まるようにと命じた。彼が『アンサール・アル・シャリーア』の兄弟戦士たちに電話し、『皆家に帰るように、もう終わった』と言ったという噂が広まった。この夕方、礼拝のあと、午後六時ごろだった。ぼくは腹が立った。何が起きているのかさっぱりわからず、どうして群衆が去って行ったのかわからなか

訳注1　アブ・イヤド(セイフ・アッラー・ベン・ハスィーン):「チュニジア戦闘集団」設立者。

った」。

カリスマ性のある首長だけが、この怒り狂った群衆を鎮めることができたのだった。このチュニジア人首長、アブ・イヤドは遠くから来ていた。ビン・ラディンの補佐役としてアフガニスタンのアルカイダで活躍した。チュニジア戦闘集団（ＴＣＧ）のリーダーとして、９・11同時多発テロの二日前に、アフガニスタンのアフマド・シャー・マスード司令官（訳注2）にたいし、戦士二人が新聞記者と名乗り自爆テロによるマスード司令官の暗殺を、アブ・イヤドが指示したとみられている。彼のグループはアメリカ軍に追われ、解体された。アブ・イヤドは、トルコ空港でのトランジットのあいだＣＩＡの手に落ち、逮捕され、チュニジア警察に送致され、四十三年の懲役刑が下った。同様に同グループのいくつかの細胞のリーダーたちが逮捕された。イタリアは彼の片腕、サミ・エシドをチュニジアに送致し、百十五年の懲役刑が決定した。しかし街で繰り広げられたジャスミン革命のプレッシャーを受けて、想像もしなかった救いの手がのびる。そして二〇一一年一月、ベン・アリー・チュニジア大統領は、汚職に彩られた家族と共に、サウジアラビアに向かって逃亡し、二十三年間の独裁政権の幕が閉じたのである。そのあと、暫定内閣は、「政治犯」全員を釈放した。そのなかには左派系知識人、労働組合員、人権保護団体メンバーたちがおり、自由を獲得し、さらにアンナハダ・イスラム政党の党員や一〇〇〇人余りのサラフィスト・ジハーディストたちも釈放された。そのなかにはアフガニスタンやボスニア、イラクのジハードに参加した三〇〇人ほどのベテランたちがいた。また、アブ・イヤドや、彼の忠臣、サミ・エシドもいた。二〇一一年四月から、この二人は国際ジハード・メンバーと共にアンサール・アル・シャリーア運動をはじめた。このグループはアルカイダのイデオロギーと共にイスラム法（最も厳格なシャリーア法）の導入を説く。日常的にデモが繰り返されているこの時期に、この運動はほとんど一般の注意を引かなかった。誰もアブ・イヤドを知らず、チュニジア人は街でサラフィストに出会ったこともなかった。しかし国民はじきにその運動を知るようになる。

シャリーア法支持者

アブ・イヤドは、無信仰者が掲げる民主主義を破棄し、アンサール・アル・シャリーアを大衆運動の中心に置こうとした。「アラブの春」のなかで、アルカイダにとって政府は背教者であり、西洋の「召使い」になり下がった政府は次つぎに崩壊していった。ジハード運動は、自分たちの出番が来たと判断し、新しい、過激でない作戦を進める。アンサール・アル・シャリーアの創立者たちは、武装活動をまず説教や派手なキャンペーン作戦に置き換え、殺傷のない、「ソ

訳注2　フガニスタン反タリバン組織、「北部同盟」元司令官。

フトなジハード」のイメージ作りに挑む。代表的な例として、チュニスに近いマヌーバ大学前での数カ月にわたる学生によるシットイン活動だ。要求は、校内でのニカーブ（体全体を隠すベール）の着用と校内に礼拝所を設けることだった。この運動もアブ・イヤドが黒幕だった。このように街頭での抗議が増えていった。二〇一二年六月、高級街ラ・マルサ地区で開かれた展覧会が、冒瀆的だと批判され、殺気だった激しい暴動をひき起こしている。

ベン・アリー大統領没落後の数週間、ジハーディストは、下町や住宅街のモスクを占拠しはじめた。独裁政権と関係のあったイマームや腐敗したイスラム指導師たちは、うむも言わせずに強制退去させられた。一年のあいだに、チュニジアにある五〇〇〇のモスクのうち五〇〇が当局の監視下に置かれた。このときとばかり、ジハーディストたちは地区や町全体を彼らの権力下に置いた。

最初に起きたのは、二〇一一年末、チュニス近郊のセジナンでアルコール類販売人と若者たちが宗教監視員から暴力を受け、ナイフを突きつけられたと当局に訴えた事件だ。このイスラム地区では全員がこういう事件に反対するとはかぎらない。一部の住民は、ジハーディストの姿が街に見られるようになったのを、神の加護のおかげと考える。当局はときには厳格すぎるが、「アラブの春」以降は治安維持に努め、警察署の外部では危険に近寄らないようにしている。暴動の発火点となったシディ・ブ・サイドのようなで町は、サラフィストらがアルコールを禁止した。飲み物販売店は自動的に破壊され、ビールを飲む人や販売人は、町の外部に出て行き、オリーヴ畑で人目を逃れて飲むようになっていた。

しかし最も効果的な武器は宣教活動だった。全国で毎週末、各地区で布教が繰り広げられ、フライシートの下で、プラスチックの椅子に座った聴衆を前にして、人気のある説教師たちがマイクを使ってジハードのイデオロギーを説教する。統治者のいなくなった空間を自然発生的に催し物のオーガナイザーが占拠していき、毎週この種のチャリティショーが繰り広げられた。まず山岳地帯の冬のあいだ、自然災害を受けた住民に物資が配られる。雪に埋まった村の住民には、毛布や「アンサール・アル・シャリーア」のマークが押された食糧が配給された。季節に関係なく一年中、小麦粉の袋やお金を積んだ中型トラックがチュニスを横断し、アルジェリアとの国境まで配給に回った。さらにチラシや食品の入ったかごがチュニスの郊外にまで配られていった。贖罪の祭の日には、羊が配られた。ラマダンの日には、貧困地区の各所に巨大なテーブルが置かれ、断食後の晩餐が供された。大規模な無料の医療診察も行なわれ、薬剤も無料で配られた。

これら全ての場面がフェイスブックにアップロードされ、七万人の登録者に送信された。この布教活動は大成功を博し、各地区の公的サービスを代行し、あるところでは警備隊との衝突も起きた。二〇一二年十一月、チュニスの大衆街デュアール・イーシュル地区でアルコール追放のサラフィストのパトロール隊と警備隊とが衝突し、群衆の警察署侵入時にイマームと二十歳のムアッジン（時を告げる係）が殺された。

「コーランを三日間読みつづけた」

この時期、アブ・イヤドはアメリア大使館襲撃以来、公的に指名手配されていたので潜伏生活に入っていた。実際には、警察は状況が悪化するのを避けるために、彼を逮捕するのを避けていた。数百人のサラフィストが拘留されたが、拘留中の二人のリーダーがハンストの五十七日目に死去したため、数カ月後には拘留者全員が釈放された。リビアのベンガジでの米国大使館襲撃に加わったとみられる青年も、トルコでＣＩＡによって逮捕されたが釈放された。イスラム政党は、当初は宗教への復帰を歓迎していたものの、状況の制御が難しくなり、ジハーディスト派との内戦に引き込まれていく。アンナハダ政権の一年間、警備隊との衝突で二〇人ほどの若いジハーディストが死亡している。一部の底辺層の住民にとって、もはやモスクで平和な説教を聞くときではなくなっていた。アンサール・アル・シャリーア・グループは公式に鎮静するように呼びかけているが、若い活動家たちはしびれを切らし烈火のごとく激しさを増し、武装行動に出ることを決める。リビアから持ってきた武器の隠し場所が見つかり、官憲との衝突が全国に広がる。二〇一二年十二月からはアルジェリアとの国境に近いシャンビ山で、政府軍が「イスラム・マグレブ諸国のアルカイダ」に協力する六〇人ほどのムジャヒディン勢に破れる。二〇人余りの兵士と警官が地雷爆弾に遭うか、斬首されるか、または銃殺された。それからじきにカラシニコフの銃撃戦がチュニスの郊外にまで広がっていき、二〇一三年十月、チュニジア第三の都市スースのホテル前で自爆テロが起こり、自爆者が死ぬ。テロ容疑者のなかにはフランス人も含まれていた。マルセイユから飛行機で一時間の町でのテロの盛り上がりは、フランス人ジハーディスト支持者をますます引きつけていった。

こうしてアンチーユ諸島出身の二十四歳の元軽犯罪者ウィルソンは、チュニスのジハードに合流するためにフランスを去った。彼は三カ月前にイスラム教に改宗したばかりだった。「ぼくがイスラム教に改宗したあとだった。チュニジアに行ったのは、フランスにいるのはもう、うんざりしていたから。フランスが嫌いになっていたから。チュニジアはビザなしで行ける国だし、フランスから離れたかった。現地に行ってからジハードに参加する方法を探した。行き方を教わったけれど、どうやってジハーディストと接触できるのかわからなかった。やっとマリに行く道が見つかり、そのあとリビアに向かった」。

チュニジアに着いても、ウィルソンは未経験者でしかない。両親は離婚しており、キリスト教徒だったのだ。「父が教会のミサに行っているあいだ、ぼくは車を盗んでいた。ときどき父につかまったときはいやいやながら教会につきあったけれど、でなければめったに教会には行かなかった」。彼は低家賃団地シテで大きくなった。したがって郊外の若者言葉から抜けきれない。「イスラム教に改宗したとき、ムスリムは一人も知らなかった。他の多くの若者のように独学でイスラム教を学んだ。あるとき、友人たちと自宅でパーティを楽しんでいたとき、無信仰のアラブ人がいて、彼のコンピュータの中にコーランが入っていた。そのとき、ぼくたちはアルコール類を飲み、大麻を吸っていた。コーランの第一章が表れたので、『それは何だ?』と訊いたら『コーラン』だと言うんだ。『それをぼくにくれ』と頼んだ。ぼくは酔いすぎて頭がぼーっとしていた。どうしてだかわからないけど彼がコーランをコピーしてくれたので、翌日、酔いがさめてから、そのコーランを読みはじめた。最初の章を読むや、ショックを受けた。『慈悲ぶかく慈愛あつき神の御名《みな》において』という言葉が目に入ったとき、強く打ちのめされた。さらに読みつづけ、涙がこぼれはじめた。ぼくは地獄に行くのではないかと思っていた。三日間、休まずコーランを読みつづけた。ハディース(ムハンマドの言行録)も読み、三日目、夜の礼拝の時間に自分に言い聞かせた、「もし祈らないと背教者のままで死ぬことになる。紙にコーランのいくつかの章を書き写し、さらに礼拝のときの跪拝はいつ平伏するかなども書き取った。唱える言葉もすべて書き写した。礼拝場面の説明も書き写し、壁と床に固定した。そのあと手足を洗浄しに部屋から出た。ぼくはほんとに一人でイスラム教に改宗し、最初の礼拝も一人で行なった。この日からアルコールを飲むことも、喫煙することも止めた。イスラム教についてインターネットで一人で調べ上げた。さらにビン・ラディンについても知ることができた。彼に神がご慈悲を垂れますように」。

ウィルソンはジハーディズムに入るや軽犯罪とも手を切った。イスラム教改宗者というステイタスが、激しかった彼の過去の経歴と結びつき、ムハンマドに自分を重ね合わせた。「簡単に言えば、ムハンマドの多くの使徒たちはイスラム教に改宗する前は、アッラーにとって最も危険な敵たちだったのだ。ぼくも、改宗する前は麻薬のディーラーだった、ドラッグを密売していた。イスラム教改宗以前のぼくの生活にはリミットというものがなかった。アッラーがぼくの過去に歯止めをもたらしてくれたのだ。当時、夜遊びの帰りなど、腹が立つようなことがあると、誰でもかまわずナイフでひと突き、相手が死んでしまったら、そのままとんずらさ。誰を殺そうがかまわなかった。それが以前のぼくの生き方だった。その日その日、パーティに顔を出しては、ドラッグを売って金をつくり、女の子と遊ぶことだった」。

11　歓迎されないフランス人ひげ男たち

「ここでは何もすることはない！
フランス人テロリストはフランスに居ればいいのだ！」

チュニジアで間もなく、ウィルソンは探していたものが見つかった。フランスでは禁じられているジハーディストのための説教だった。アンサール・アル・シャリーア・グループのところで、アラビア語を習い、戦いに出るために必要なコンタクトを得ることができた。フランス軍がマリに介入したことで彼の決意はさらに強固なものになるのだが、この時期にシリア方面に大量に向かいはじめたチュニジア人の若者たちのあとに付いて行くことにした。二〇一一年末頃から数十人、数百人がリビアで軍事訓練につくか、またはチュニスから直接ヴィザなしでトルコに飛行機で向かった。革命後の興奮状態が覚めやらず、この若者たちの大群の移動は当局の監視や国内のメディアの目からも逃れられたのである。しかしながら、数カ月後にはいくつかのモスクは通常の参加者の半分も満たなかった。二〇一三年初頭には公式な調べによると、すでに八〇〇人のチュニジア人がシリアのアルカイダのために戦っており、一〇〇人以上が戦闘中か自爆作戦で戦死している。チュニジア人はリビア人と並び最初に参加した外国人ボランティア戦士だった。彼らはいちばん人数が多かった。ウィルソンはこの大量のボランティアに紛れ込むことができた。それには内部情報が役に立った。「ぼくたちを待っていた仲間がいたのだ。ぼくらの住んでいた地区の知り合いが、シリアのイスラム系判事になっていたから、彼を頼って行った」。彼が深く関わった、チュニスでのアメリカ大使館襲撃一カ月後に、彼はアル・ヌスラ戦線（シリアの公的アルカイダの支流）に合流した。チュニジアのジハーディストがあまりにも消極的だと思えたウィルソンにとって、チュニジアを去ることで気持ちが楽になった。「アンサール・アル・シャリーアについて、ぼくはあまり彼らのものの見方に感心できず、その考え方に当惑した。それで直接シリアに行くことにした。チュニジアにはあまりにも問題がありすぎた。ムハンマドを侮辱する者もいたし、アッラーをあざける者もいた。兄弟たちのなかには死んだ者もいるし、理由もなしに逮捕される者もいた。ぼくはアンサール・アル・シャリーアのようなとらえ方はしない。イスラム教の説教を重んじるべきだなどと教えられる時期ではないと思う。ムハンマドが侮蔑されたりしたら、説教を聞くなんていうことよりも、復讐の行動を起こすべきなのだ！」。

チュニジアから

アラブ革命ほど、ジハードをフランスに接近させたものはない。かつては、チュニジアに行くことは長い旅と、さまざまな地理的障害を乗り越えなければならなかった。それが今日では、数十ユーロの旅費で、パリからたったの二時間で行ける。チュニジアはフランス人にとって格安ルートとなっている。ジハーディストたちにとっても同様にすべて込みの格安のコースとなっている。全国の都市にはジハード思想を教える講座も開かれている。フランスでは禁じられているのでインターネットで独学することになる。バーチャル世界から現実の戦地に移住するのにも金がかからない。またチュニジアからリビアのアンサール・アル・シャリーアの軍事訓練には誰でも参加できる。このようにして国境を越えるフランス人は何ら足跡も残さずに移動できるのである。国境では出入国監視所で親衛隊員が監視しているものの、ある連隊長によれば「コントロールは不可能だ」ともらす。このようにしてフランス人志願者たちは、簡単に軍事訓練につくことができ、チュニジア観光も含め三カ月後には、フランスに戻って来られるのである。

アレクサンドル（二十三歳、生粋のフランス人、元左官屋、パリ地域生まれ）は、ウィルソンのように中間の方法を探していた。一年前にイスラム教に改宗したが、シリアに戦いに行く勇気がなかった。

精神的、肉体的準備段階を必要としていた。そのためにイニシエーションとして、チュニジアに行くのが最適に思えた。「最初にチュニジアのジェルバ島に行かなければならなかった。なぜならぼくの弟がアンサール・アル・シャリーアにいたから。幸いにして彼は知識があり、そこでの生活は、物価は高くなく、たがいに助けあっているという。すこしずつ共同集団ができつつあるということ、それがぼくを引きつけた。そこに行って訓練を受けたかった。知識を高め、スポーツもし、準備したかった。若者にとってチュニジアに行き、そのあとフランスに戻ってくることはすごくいいことだ」。結局アレクサンドルはこの段階を省略し、直接シリアにいるフランス人の友人を頼って行った。しかし、チュニジアでかなりのジハード志願のフランス人が現地人の詐欺に出くわし、被害に遭うが彼はそういうこともなかった。

武装グループに加わるためには戦う意志だけでは充分ではなかった。ボランティア志願者は全員、正式の推薦状が必要だった。信用のおける第三者の推薦、またはグループの正式の検印の押された文書での新参者の紹介状が必要だ。それはスパイの侵入を防ぐためと、採用時の過ちを防ぐためだった。チュニジアでは志願者が急増するなかで偽の推薦状が出回りはじめた。若いパキスタン人グループが彼らの友人のために七五〇ユーロを送ったが、推薦状は来なかったという。「推薦状で商売するなんてひどい。でも当時は誰も知らなかったし、他の方法がなかったのでしょうがなかった。推薦状に判が押してあればいいんだ。騙されたのさ」。が、ウィルソンは怒りがおさまらなかった。「アンサール・アル・シャリーアの同志だと言って騙す人間がいることは知っている。兄弟を騙したのだから、アッラーのしかるべき懲罰を受けるべきだ。偽の推薦状でトルコまで行かせておきながら、現地に行ったら誰も助ける者はおらず、浮浪者同様になった」という。推薦状は、推薦した者の責任がともなう。推薦された者が何かしらの問題を起こせばグループ全体が批難の的となる。シリアの反乱から二年後、トルコ経由でシリアに行くコースは不確かなものになりはじめている。二〇一三年以来、シリアのジハードに向かうルートは、フランスからダイレクトになっている。現地に定着した同国人たちが道を開通したからだ。チュニジアから行きたいという者には、ムスリムの地での長期的な移住の冒険が待っていると思えばいいだろう。

「ここではイマームは、直接問題のテーマに入る」

二〇一一年一月十四日の革命勃発から六カ月後、二十三歳のアブ・ムサブは妻と子ども二人を連れてチュニスに向かった。チュニジア人両親の間に生まれ、パリ郊外で大きくなった彼は、「フランスよりもイスラム的な環境の中で自らの宗教でよりよく生きていける国」に向かった。彼から見れば、トルコは「問題が少ない国」と思えた。穏健派イスラム政党は二〇一一年十月の選挙で勝利したのだが、憲法にイスラム法を導入することを拒否し、野党の圧力に負けて退陣した。その前にジハーディストによる二人の政治家の暗殺事件が起きている。アブ・ムサブは活動に限界があることを痛感する。「チュニジアではシャリーア法が国を統治してはいない。それはフランスと同じだ」。しかしフランスでは常時屈辱を感じないわけにはいかない。ムスリムは常にメディアで批判の目で見られ、路上の通行人の眼差しにも警戒の色が込められ、ぼくらには居心地が良くないのだ。だからコーランが課すように、イスラームの地への移住の義務があるのだ」。この若者は、西洋の国では、自分の宗教に忠実に生きることができないと感じている。彼は長いひげを伸ばし、伝統的なひざ下まで来るカミーズを身に着け、妻はニカーブとは異なり、目も隠すシタールを着て黒い手袋で手も隠す。「したがってフランスでは暮らせないのだ」。彼が住んでいたパリ郊外で、アルカイダを支持していたこの青年には、彼の好みに合うモスクは見つからなかった。それらのモスクはすべて自治体の「政治家とつながっている」。公立校の他、イスラム系私立校はたったの一校。「フランスのムスリムの兄弟たちは、皆家で妻と一緒に教育している。経済的余裕がある家族はムスリム系私立校に子どもを入れているが、学費がばかにならない」。チュニジアでは幼児から男女別のイスラム校に登録でき、「コーランの授業があるから、そのためにチュニジアに移住する家族がかなりいる。その動機は何と言っても義務教育であることと、小学校教育が真面目であることだ」。

アブ・ムサブはチュニジアに移って以来、「以前より自由であり、前より監視されておらず、批判の目を感じない」。しかしながら、警察当局は、警官との武装衝突が起きたりすると、とくにジハーディスト運動に厳しい目を光らせるようになった。

若い青年はチュニスで商いをはじめ、アンサール・アル・シャリーアが営むモスクに出入りするようになった。「外国人イスラム識者らの講演会」にも出席し、宗教についての講義やアラビア語の講座にも参加する。「大勢の兄弟たちが集まり、フランスでは話題にできないテーマを語り合うことができる。イマームたちも単刀直入に問題に切り込んでいく」。

アンサール・アル・シャリーアの激しいデモや説教にも紛れ込めるのだが、アブ・ムサブがグループに馴染むのはそうたやすくなかった。チュニジア人の両親の下で穏健派イスラム環境の中で育ち、ジハード精神は十九歳の時にインターネットで頭に詰め込んだばかりだった。チュニジアに着いたとき、彼は一言もアラビア語を理解できなかった。そのうえ、一人もコンタクトできる人もいなくて、むしろ周りの者に警戒心を抱かせた。こんなふうに知らない青年が街に入って来たら、誰もが疑いを持つ。どうやってチュニジアに来たのか、誰が送り込んだのか、何のために来たのかというふうに。だから最初はモスクに行って『サラーム、サラーム(こんにちは)』と言うだけ。移住して来た者にとって慣れるまではすこし時間がかかる。最初の六カ月は独りぼっちで、皆に混ざってモスクに行くようになるまで、ぼくはいつもそこにいたんだ、何しに来ているのかということが他の者に認められるようになるまでに六カ月はかかった。最初はたしかに辛いけれど、慣れて来ると、グループの中に参入できるようになる。ぼくを信頼するようになると、人びとはぼくに手を貸してくれるようになり、知人を紹介してくれる。移住して来る人びとは、一カ月後にはどこかに配属されると思っているようだけれど、そんなものではない。移住するということはそう簡単ではないのだ」。

アブ・ラヤンも同じことを指摘している。ベルギー人のイスラム改宗者で、仏語圏サイバー・ジハードの中心的人物である彼は、同じ道のりを歩んだ。彼は二〇一三年春、多くのベルギー人たちにとって先達となるべく出発した。志願者たちがイスラームの地へ移住することを決める前に、彼の第一印象を知りたがっている。彼にとって最初は期待できるものだった。チュニスの庶民的な郊外に落ち着き、近くには、アンサール・アル・シャリーアのモスクがあった。朝にはムアッジン（祈祷時報係）による礼拝を知らせる呼びかけがあり、ジハード運動の説教がプリントしてあるチラシがレターボックスに入っていた。彼は興奮した。しかし、じきに幻滅させられた。「問題なのは、時間が経つにつれて、そしていろいろな人と会うにつれて、チュニジアではかなり深く政教分離（ライシテ）が進んでいるということに気づくのだ。敬虔なイスラム教徒でも、世界の争点について深く理解せぬまま、伝統的、習慣的なイスラム文化に浸っていて、メディアをとおして知識を得ており、新聞やテレビは一〇〇パーセント、反イスラームの西洋文化に支配されている」。もう一つ、不都合な点は、「与党の穏健派アンナハダ党が野党の圧力に押され、野党を安心させるため政教分離の方向に進んでいたことだ」。結局二カ月後にはアブ・ラヤンは落胆し、ベルギーに帰国した。

フランスでの疑い

たしかにアブ・ラヤンがシリアに向かったときには、フランス人らのジハード支持者たちの捜査がはじまり、チュニジアの雰囲気も変わりつつあった。二〇一三年には、数十人がチュニジアから強制退去させられ、また飛行機か客船から降りると同時に退去させられた。正式な手続きを踏まずに追い返された人の証言を聞いてみよう。「警官が私の家のドアを叩き、『ここには何もすることはない。フランス人テロリストはフランスにいればいいのだ！　公式な強制送還という手続きや、正式に追い出されるのがいやでも、出て行け！』と怒鳴るのだ」。二〇一三年六月、警官が子どもを含む、グアドループ人家族を強制退去させた。八カ月前にチュニジアの最南端の町タタウィンに落ち着き、夫がジハーディスト系モスクに通い、アンサール・アル・シャリーアに加わっていた。強制退去から三カ月後、彼はフランスで拘留された。フランス警察は、彼が二人の共犯と共にコンピエーヌ（イヴリーヌ県）のレストラン・クイックの襲撃に積極的に参加したのは、シリアのジハード資金をつくるためだったとみている。

もう一組のフランス人カップルもチュニジアに移住しようとしたが、失敗に終わっている。生粋のフランス人ジェニファーはイスラム教に改宗し、顔以外全身をおおうニカーブを愛着する。夫のエリックは、コンゴ出身で、元カトリック教徒。二人は一晩で、イスラームの聖地ケロアン（訳注1）に行くことを決めた。パリ警察の元警官、エリックは「職場の中の不正を我慢できず」イスラム教に改宗した。病欠の期間を利用して、彼は他の若者と同様に、インターネットで彼にとって新しい宗教を見出した。数週間後には、この警官はひげを伸ばしはじめ、ひざ下までくる黒いカミーズを着はじめた。もちろん警察署内では批判の目が向けられた。「同僚にとっては何の意味もないのに、ぼくは受付窓口に異動させられた。でも人びとは署に入るなり〝サラマレクム〟（こんにちは）と挨拶する」（二〇一三年十一月のインタビュー）。エリックは解雇され、情報部は彼と彼の義父についても調査をはじめた。彼の姪がニカーブを着ていることから同カップルを「危険性のある過激派」として、警察は情報部に報告している。夫婦は警察沙汰を逃れるために急きょ、チュニジアに向かった。ケロアンのアンサール・アル・シャリーアと関係のある、イスラム教に改宗したフランス人と出会う。しかし当局からテロリスト活動に関係があると疑われる。彼らの車が調べられ、ジハードのプロパガンダのビラや黒い団旗、望遠鏡、軍服、拳銃の皮ケースなどがトランクから出て来た。ジェニファーは逮捕され、赤ちゃんと共にチュニスの拘置所に入れられた。夫は取り調べのためフランスに連行された。その後、彼はチュニジアに戻ることを禁じられ、妻子は二カ月後、フランスに強制送還された。

この刑事上の手続きには、明確な政治的配慮が込められていた。フランスのカンヌ・トルシー・グループ(訳注2)の数人のメンバーが、チュニジアのジハーディスト系モスクに逗留し、フランスに帰国後、国内で武装作戦を遂行する計画だったとみられている。アメリカ大使館襲撃六カ月後、チュニジアの左派民族主義派のリーダー、チョクリ・ベライド(訳注3)が自宅前で十四発の銃弾

訳注1　チュニジア中部にあるイスラーム発祥の地である古都。スンニ派にとってメッカ、メディナ、エルサレムに次ぐ第四の聖地。
訳注2　イル・ド・フランス東部のトルシー市とカンヌの過激派グループが二〇一二年、パリ北東郊外サルセル市のユダヤ人食品店を襲撃。以来、この二グループは国内のジハーディスト細胞とみられた。
訳注3　チュニジア人弁護士（一九六四〜二〇一三）。ブルギバ政権時に懲役刑に。

を撃たれて暗殺されている。この事件は国内に強い反響を呼んだ。さらに六カ月後の二〇一三年七月、同じ方法で、もう一人の左翼系リーダー、モハメッド・ブラミ(訳注4)も暗殺された。これらの暗殺事件に参加し、暗殺者の一人とみられる容疑者のなかにチュニジア系フランス人がいた。ブバケル・エル・ハキムは、フランスで生まれ、「パリ十九区イラク系組織」に属し、イラクのジハードに加わったこともある。二〇〇四年、二十三歳のときにシリアの国境で逮捕され、七年後に釈放されたが、釈放後再びチュニジアに行き、そこでリビアとの武器の密売容疑で捕まる。前述の二件の暗殺事件後、チュニジアとアメリカはアンサール・アル・シャリーアを「テロ組織」と認定し、チュニジア当局は、フランス人ジハーディストの強制送還を決行した。しかし多くのシンパサイザーにとって、この新しい状況こそ新たなジハードへの踏み台となる。チュニジアに発つ前にその一人が語った。「今こそ、チュニジアに向かうには最良のときだ。なぜなら各々がはっきりした目的を持っているからだ。イスラム教の最高の目標は、アッラーのために殉死することなのだから」(二〇一三年九月、チュニジアに行こうとしていた一人のフランス人のインタビュー)。

訳注4　チュニジア人政治家(一九五五～二〇一三)。革新派学生運動から政治活動をはじめ、二〇一一年の革命後、国会議員に当選。

12 レバントのアルカイダ・フランス人部隊

「シリアに発つ一週間前にも大麻を売っていた者もいる」

シリアでもどこででも、外国暮らしのフランス人の傾向は同国人同士、似た者同士でかたまるものだ。排外主義とは異なるのだが、ほとんどがアラビア語を解さないフランス人ジハーディストもこの類からもれない。そして内部のライバル意識から逃れられないのである。シリア内戦の三年後、ジハーディストたちはライバル同士、二つに分裂する。一方に、イラクとシャーム（シリア歴史的地域）を支配する〈イスラム国〉は、二〇一二年夏以来、一部フランス語圏のフランス人とベルギー人、チュニジア人からなる戦士部隊を持っている。もう片方には、二〇一三年十二月、最初にフランス製ライフル銃を導入したアル・ヌスラ戦線があった。以来、シリア内戦の中で、この二つのジハード部隊が、現代版『ボタン戦争』（イヴ・ロベール監督作品。片田舎の子ども同士の戦いを描く。）をくり広げる。どちらも五〇人ほどの戦士を引き連れ、たがいに相手側を「ジハードの迷える羊たち」と侮蔑し合っている。

兄弟殺し戦争

しばしば衝突は、アルカイダの上部で生まれるものだ。シリアでの最初のジハーディスト・グループは、アル・ヌスラ戦線だった。内戦初期は戦士たちが覆面して突撃し、次にアサド大統領政権時代に自爆テロを開始した。ラディカルで効果的な戦いを組むアル・ヌスラ戦線は、数カ月でエリートの反乱軍という名声を博すようになった。同グループが公認のものとなったのは、それがイラクのアルカイダ(原注1)と直接につながっていることで、二〇一二年十二月、アメリカが「テロ組織」と認定したからだ。五カ月後の二〇一三年四月、「イラクのアルカイダ」(一年後に〈イスラム国〉となる)の首長バグダーディーがアル・ヌスラ戦線に資金や武器、人的援助を約束した。

バグダーディーは自分の部隊の手が回らなくなるほどの急速な進撃を重ねたこの機会に、アル・ヌスラ戦線との合併を提案した。それは今後イラク・シャーム両地域で〈イスラム国〉の名のもとに統一戦線を組むためだった。しかしながらアル・ヌスラ戦線の首長は、戦勝の実績に自信を持ち、合併することを拒否した。そしてアルカイダ本部のエジプト人ナンバーワン、アイマン・アル・ザワヒリの判断をあおいだ。二〇一三年六月、最高位の首長は、アル・ヌスラ戦線に軍配をあげた。公認騎士の称号を与えられたアル・ヌスラ戦線は、ビン・ラディン直系のフランチャイズを認められ、新しいグループ名「レバントのアルカイダ」と改名した。〈イ

原注1　「イラクのアルカイダ」または「メソポタミアのアルカイダ」は二〇〇三年の米軍侵攻後、残虐非道のヨルダン人首長ザルカウィによって設立された。彼は二〇〇六年に米軍のドローンによってイラクで撃ち殺された。二〇〇四年から、二つの河に挟まれた国のジハード組織「メソポタミアのアルカイダ」という名のもとに種々のスンニ派グループを抱き込み、彼の片腕アイマン・アル・ザワヒリとの緊張関係にあったが、ビン・ラディンに忠誠を誓った。ザルカウィの死後、グループは「イラクの真の国家」として自称〈イスラム国〉を宣言。

スラム国〉はシリアを去らざるをえないのだが、すこしも妥協せず、たがいに異なるジハードのイデオロギーを持ちながら二つのグループが共存状態で戦うようになる。アル・ヌスラ戦線の優先的目標は、アサド大統領を完敗させることだが、イラクの〈イスラム国〉の野望は、シリア独裁者の失墜を待たずに、占領地に即刻シャリーア法を適用することだった。そのあいだにシリアのイスラム反乱勢力との兄弟殺しの戦争が控えている。

肉弾

アルカイダの首長同士の勢力争いの影響は、下部のフランス人兵卒にまでおよぶ。彼らはグループからグループへと放浪的に戦いに参加するようになる。

シリアに着いたアブ・タスニムは最近、二十歳でイスラム教に改宗したばかり。このハイチ出身の青年の目的はただ一つ、アルカイダの本部までたどりつくことだった。しかし〈イスラム国〉だけは近づかないようにした。「多くのフランス人が〈イスラム国〉に行っているが、ぼくが賛成できないのは、彼らはアルカイダに忠誠を誓っていないことと、彼らはすでにカリファ設立のためのプログラムを用意していることだ。今までに発表されたプログラムはすでに実現されている」。

一方、クレマンスの夫スレイマンは、〈イスラム国〉の軍隊に参加する固い意志を持ってシリアのアレッポに着いた。彼は〈イスラム国〉の戦士たちのイメージをビデオで見て強く引かれた。現地に着くや、彼はフェイスブックでフランス人とのコンタクトが得られたが、推薦状をなくしてしまった。「グループに加わる場合、フランスですでに知っている者に、『彼はデカじゃない』と言って保証人になってもらわなくてはならない。ぼくのパスポートをよく調べ、氏名をひかえたが面接は非常に厳しかった。フランスに知っている者がいなかったので、すごくたいへんだった。推薦状がなければたいへんなことになる」。アレッポの街を数カ月うろついたあと、シリアでできた新しい友人によって町の外部にある軍事訓練所に入ることができた。訓練は一カ月つづき、そのあとイラクの〈イスラム国〉の首長に忠誠を誓い第三部隊に入り、戦線に向かうことになる。「キャンプでの軍事訓練が終ったあと首長に忠誠を誓う。そのとき首長と握手し、一言言わねばならない。しかしバグダーディーに会えるわけではない。彼はイラクにいるから。彼の下にアレッポにいるシリア人の副首長がいる。ぼくは彼に忠誠を誓い、彼は彼で彼の上の首長に忠誠を誓った」。最終的にスレイマンはライバルのアル・ヌスラ戦線に加わることになる。

一方、二十三歳のパリ郊外の元麻薬ディーラー、アブ・ナイムは三カ月前にイスラム教に改宗したばかりだ。彼はスレイマンとは逆の方向をとっている。到着後、彼はアル・ヌスラ戦線に加わり、二〇一二年の夏、アレッポでの戦いに参加した。しかし、この部隊から去って行った。なぜなら、最前線に外国人戦士を肉弾として送り込んでいることがわかったからである。

「戦士全員が聖戦に参加している。全員がアッラーの啓典を信じて戦うのはいいことだ。しかしもっと先を展望すべきだ。アル・ヌスラ戦線にいたときに感じた問題は何だったのか。最初、彼らはイラクからイラク人を排除し、そのかわりにシリア人で置きかえた。大きな武器の入ったケースを持ち運びながら、実際には戦地までは行っていない。戦術も知らずに、結局はグループ同士の兄弟殺しに終っている。誰もが戦うために来たのに、ウンマ〈イスラム共同体〉に何ももたらさずに無駄に死ぬために来たのではない。外国人戦士たちの多くは〈イスラム国〉のために戦っている。〈イスラム国〉はすでにイラクで勝利を重ねている。アル・ヌスラ戦線の幹部が外国人戦士に言う、『きみたちは死ぬために来たのだから、たいしたことはない、戦地に死にに行け』と。アブ・ナイムは〈イスラム国〉のために戦うのを選んだ。同グループのイスラム警察のコントロールを担当し、シリア人はイスラム教からだいぶ離れた生活を営んでいる。実際のことを言うと、シリア人にシャリーア法を守らせることに努める。喫煙は禁じられていると言っても信じようとしない。ニカーブを着ている女性がハイヒールをはいている。シャリーア法を実行するには、毎日注意しながらわからせていかなければならない。たとえば、街中で誰かがムハンマドを蔑んだりすれば死刑だ。殺される可能性のほうが多い。被告に有利な判決が下されることもあるが、それはめったにない。しかしコーランに従えば普通なら死刑になる。このように重大な裁判では死刑の判決はあり得る。しかし、アッラーの啓典では刑については言及されていない。根気が必要なのだ。彼らに宗教を叩き込んでいる段階なのだから」。

「あるグループは、他のグループよりも誠実だ」

アル・ヌスラ戦線と〈イスラム国〉のフランス人同士のライバル意識は、二〇一三年末、サイバー・ジハードがシリアに登場してからさらに激しさを増していった。セネガル出身の四十歳がらみのオマル・オムセンは元宝石店強盗犯。何回もの懲役刑の後、イスラム教に復帰した。しかし、二〇一一年十二月、アフガニスタンに二〇人ほどの若者を連れて行く前にニースの駅前で逮捕された。グループ旅行が開始される前に、行く先は拘置所と決まった。このあとにメラ事件が起きた。「スクーター・テロ犯」（七人を射殺したモハメッド・メラのこと）とオムセンが関係あったことが発覚。本人はそれを否定している。(原注2) またサルコジ前大統領が解散させた小グループ、フォルザーヌ・アリザとも関係があったとみられ、彼の所有物は差し押さえられた。(原注3) その後、オムセンは監視付で釈放された後、彼の祖国セネガルに強制送還された。しかし、この名説教師オマル・オムセンにとって強制送還は新たな出発点となった。ダカールで他の「兄

原注2　オマルは、モハメッド・メラと関係があったことを認めている。メラが彼のフェイスブックのビデオのファンであったことを明かす（二〇一四年二月のインタビュー）。

原注3　二〇一二年三月二日付条令により、フォルザーヌ・アリザ・グループは解散され、二六人のメンバーの所有物が差し押さえられた。オマル・オムセンは異名オマル・セネガルで知られるようになる。

弟たち」の支援を得て、遠距離活動をはじめたからだ。インターネットでジハードを呼びかける彼の説教とビデオ画像は人気を呼ぶ。二〇一三年秋、彼はトルコ経由でシリア北部に向かう。そこには、ニースで彼の説教を聞いたことのある信徒やウェブ・ユーザーたちが待ちかまえていた。そこでオマル・オムセンはじきに名説教師としてのステイタスをフランス人の若者のあいだに確立する。彼はボランティアたちと会い、彼らがあまりにも無知であり、無為徒食で、犯罪の常連であるという事実を確認する。「彼らは一日中サンドイッチをぱくつき、夜はサイバー族になる。それしかしていない。イラクの〈イスラム国〉とシャーム（シリア地域）にいる大半の若者たちはイスラム教の基本も理解していない。ジハード戦士としての使命もわかっていない。戦士として模範的でなければならないのに。彼らは宗教をグーグルやビデオ、ＰＤＦで学んだだけだ。ジハードを軌道にのせるためのビデオは、遠くに戦いに行くように彼らを仕込んでいく。しかしビデオには三つのハディースと四つの章がある。それらをビデオで見て、「セ・ボン、サシュフィ（いいよ、もういい）」と納得してしまう。そして何もわからないまま現地に行く。彼らはパリを発つ一週間前まで、大麻を売っていたのだ」。

カリスマ性のあるオマル・オムセンは、アサド大統領政府軍と最前線で戦おうとしない戦士たちを批判するほか、状況を考えずにシャリーア法を盲目的に適用していることを批判する。「現地を見に行き、説明してやった。『姦淫の罪でむち打ち刑にする権利はない』と。戦士たちが『どうしてなのか？　でもアッラーが言うには……』と反論するから、言ってやった、「うん、そうだがやり方が間違っている。姦淫罪に問われた者をむち打ち刑にする前に教育しなければならない。シリアは何世紀ものあいだ、宗教が仮眠状態にあった。それで今、きみたちはここに来てシャリーア法を施行しようとする。ムハンマドはイスラム教の基本を敷くまでに二十三年という年月をかけている。一度にアルコールが禁じられたのではないのだ」。このようにアル・ヌスラ戦線と〈イスラム国〉との違いが浮かび上がってくる。〈イスラム国〉はカリファを建設しようとしているが、アル・ヌスラ戦線の首長は「今すぐにではない」と言う。「アサド大統領が殺され、国内の治安が収められてから、アッラーの啓典に基づいたシャリーア法が敷かれる。それまで住民にたいするさまざまな暴力や収奪も起きるだろう。細かいことについては話したくない。なぜなら彼らはアッラーの前で全員が兄弟同士であり、彼らのイメージを害したくないからだ。しかしあまりにも不正が多すぎる、と彼らに言ってやった。問題は、イラクとシャーム（シリア地域）を支配する〈イスラム国〉の戦士たちのほとんど七〇パーセントは、ベルギー人、フランス人、チュニジア人で、フランス語を話すのだ。幾人かのチュニジア人は無信仰者がいることを告発している。アルジェリアのＧＩＡグループ（訳注1）のように、あまりの蛮行を重ねることによって住民の反感を呼んでいる。そのうえ敵のスパイが侵入している。彼らはシリア自由軍兵士を片っぱしから殺害する。明らかにアサド大統領政府軍の潜入兵の仕業

訳注1　一九九〇年代前半、イスラム救国戦線（ＦＩＳ）が選挙で圧勝したが無効となり、対ソ・アフガン戦争に参加した元戦士たちが「武装イスラム集団」（ＧＩＡ）を結成。

であることがわかる。一方、アル・ヌスラ戦線に潜入することは難しい。なぜならこのグループに加わるや即日前線に送られ、絶えず命がけの毎日だから、スパイだったらすぐに抜け、逃げ出すだろう。前線に送られるのは、ジハードのために来ており、敵を殺すために来たのだから。誠実に住民を助けるために、アッラーへの道に向かう戦士として殉死するために来ているのだから。もう一方のグループの戦士たちは戦死したくないのだ。このように二つのグループは異なる。一方は非常に誠実である。そこでアルカイダの首長ザワヒリが裁断を下した」。

実際には、イラク・レバントの〈イスラム国〉内でザワヒリを批判する者は、彼が独裁者ぶっていると批判する。実際に二〇一四年一月以来、ジハーディストと非ジハーディスト間の兄弟殺し戦争は激化し、一カ月間で一〇〇〇人以上の死者を出している。シリアの武装過激派運動の研究・専門家ロマン・カイエ(原注4)によれば、「アサド政権とイラク・レバントの〈イスラム国〉との現実的な利害が一致する点とは、〈イスラム国〉によるいくつかの〝解放地〟で厳格なシャリーア法を適用し、世界中から来たジハーディストと家族たちを定着させ、この動きを恐れる西洋諸国とアサド大統領との交渉に〈イスラム国〉としての存在を示すという構想だ。したがってジハーディズムの根絶は今のところ優先的ではない。バグダーディーの優先的政策は、彼が支配する〝超国家的な国〟の治安を保障すること。アサド政権がなくなれば、彼に対抗するスンニ派の反乱グループやシーア派のアラウィ派が結束して暫定政府をつくるのではないかと予想する。そのためにはアメリカ軍のドローンが介入してくるだろう」。

彼らの首長になること

オマル・オムセンはこの分析に反感を覚えたものの、これを支持した。この導師は率先してフランス人戦士とイラク・レバントの〈イスラム国〉からの脱走兵だけからなる部隊を組もうとする。「そのために〈イスラム国〉の兄弟たちにも脱走するようにとすすめた。〈イスラム国〉はうまくいっていないということで話し合いが行なわれた。彼らはこのグループを好いていないから、すぐに同意した。そうなんだ。『彼らはアッラーの啓典をばかにしている』。ある日、〈イスラム国〉のフランス人諜報部員がぼくを見つけだし、彼らに捕まった。ぼくがネットを使っていたら、突然家屋に入ってきて『オマル・オムセンはどこだ？』と訊いたので、一人の同志が気をつかって『今出て行ったところだ』と答えた。彼らは『あ、そうか』と言って出て行った。すぐにおれたちは危険を感じ、アル・ヌスラ戦線グループに会いに行った」。オムセンは若いフランス人用心棒を五〇人ほどを従えてアル・ヌスラ戦線支部の首長に会いに行き、忠誠を誓った。「アブ・サハという首長と話し合い、新しいグループをつくり、アル・ヌスラ戦線に忠誠を誓った。これによって、ぼくたち自身の基地を持ち、朝から晩まで時間に節目をつ

原注4　現代サラフィー主義専門家。『イラク・レバントの〈イスラム国〉にたいするシリア自由軍反撃の失敗』は雑誌『オリエント』に掲載。

けるために複教のプログラムを設けた。自分の宗教を知らなければ戦うこともできないからだ。アル・ヌスラ戦線の一グループになるには、最低限、戦士が二五人いなければならない。ぼくたちのグループにはすでに、ほとんどがフランス人だが五〇人いた。アブ・サハが言った、『シャーム（シリア地域）移住者の首長アイマン・アル・ザワヒリとコンタクトをとれるようにしよう』。オマル・オムセンの信奉者たちが彼に首長になってくれるよう望んでいるという。オムセンが言うには、「首長候補にはなりたくない。なぜならあまりにも責任が大きすぎる。首長になれば、誰よりも早く起きて、誰よりも遅く寝なければならない。兄弟たちの問題を抱え、一日中、右に左にと駆けずり回り、まったく狂人的な生活だよ！」。しかし周囲の者たちの要求が強く、首長選で当選した。

このようにして二〇一三年十二月、シリアに着いてたったの一カ月後に、このサイバー・ジハーディストはアル・ヌスラ戦線の防御地である二つの町、トルコとの国境近くのアトマとハライテンのフランス人部隊のチーフになった。新首長はホムズとイドリブのアル・ヌスラ戦線を補強するために戦士たちを送り込む。しかしながら彼は軍人首長というよりも精神的な首長である。「俺はむしろ宗教的首長だ。戦地にはアル・ヌスラ戦線の経験豊かな首長がいる。皆が彼の命令に従っているが、帰還すれば首長が運営することになる。戦いに向かう戦士を選択するのも彼の役だ。シリア大統領政府軍を攻撃するために、それぞれの基地が本部と連絡し合い、『何人必要なのか』とか、『どこに集合し、戦士が必要なら一〇人なのか二〇人欲しいのか』とか連絡し合っている」。

「首長の教祖化」

二〇一四年一月、トゥールーズ出身の二人の十五歳の少年がこの部隊に加わった。フェイスブックで彼らはアブ・アル・Hと親しくなっていた。Hは位の低い首長だったが、フランスにいたころはビデオ・ジハーディストとして活躍していた。彼は二人の少年に、トルコの国境付近のアトマまでの道順を知らせた。彼らが突然出発した翌日、少年の父親が慌てて、メディアをとおして彼らにフランスに帰るようにと訴えた。結局、二人は道中の生活の厳しさに直面し、途中でシリア行きを諦め、二週間後にフランスに戻って来た。オマル・オムセンが、フランス人戦士部隊をつくったのは、この種のボランティア青少年たちを迎え入れるためと、軍事的プラグマティズムのためだと言う。「それは、人は民族的な集まりだとか言うけれど、そうではなく、どこまでも効率を上げるためだ。ほとんどの者はすでに戦闘経験がある。グループに到着するとすぐに軍事訓練があるが、アル・ヌスラ戦線ですべてを学ぶことになる。そして突撃隊にも加わり、二三ミリのスナイパーライフルでの狙撃の訓練を受け、爆発物についても学び、二十日か三十日間で戦地で効率の高い戦いができるようになる。ただ、多くの兄弟が死んだのは、彼らがアラビア語を解さず、命令を受けても、何が何だかわからなかったからだ。多くの仲間が他の仲間と相打ちで死んだ。二重の損害だが、避けられなかった」。

アルカイダ・フランス人部隊をつくって数週間後にオマル・オムセンが、トルコから移住してくる彼の家族を住まわせるために一時シリアを離れた。彼の留守のあいだ、部隊は彼の補佐アブ・アル・Hが代理を務めた。このフランス人はシリアの元カリファの無残な廃墟を撮ったビデオ作家として知られている。首長オムセンの留守中に、彼のライバルから批判の声が上がった。「自ら宣言して首長代理になっていながら、二週間後にはグループから離れている」と。〈イスラム国〉と対立するフランス人戦士たちは苛立ち、アル・ヌスラ戦線と張り合うこの部隊を批判する。「ビデオ作家オマル・オムセンはここに来るや、兄弟たちのあいだに不協和音を生みだし、ハディース（ムハマンドの言行録）についても独りよがりの解釈をしている。彼は全然知識もなく、アラビア語も解さない。そして〈イスラム国〉にけちをつける。兄弟たちについても嘘を言うし、ここに最近来たばかりの若者を自分の周りに集めてしまう。当初からやっていることと言ったらビデオを撮るくらいなのに、ムジャヒディン（戦士）たちの首長になりたがっている。結局二〇人の新入りと、おれたち古参の半数を説教で巻き込んでいる。彼の言うことが理屈に合ってなくても、自分だけが正しいと思い込んでいる。アッラーが導いてくれますように。ただ言えることは、青少年たちが迷い子になっていること。今はアル・ヌスラ戦線の中にいて、アルカイダに忠誠を誓ったと言うが、彼らが曲がり角に来たら迎えてやるだけだ。

彼らは今のところ現実を把握してないし、当分は幽霊グループさ。前線に向かうときにどうなるか。宗教について何も知らないし、首長の姿がますます理想化され、〝教祖の弟子〟になった気持ちになっている。神に誓って言うけど、彼らはどうしていいのかわからないのだ。何もわからないまま彼のあとを付いて行く。最後まで黙って聞いている。話すのは彼一人。彼らが言うには、おれたちはもとはギャングだったが、今は〈イスラム国〉を愛し、〝アッラーへの道〟のために戦っている。しかしながらザワヒリがとった選択を批判しながらも、『われわれは死ぬまでザワヒリに付いて行く』と言うのだ。でもぼくは彼の選択に賛成できないので彼のあとには付いて行かない。アル・ヌスラ戦線は人数が必要だから、誰でも受け入れる。〈イスラム国〉には二万人の戦士がおり、ぼくたちのグループは五〇人くらい。二三ミリと一四・五ミリの対空重機関銃やＢＫＣ、ＲＰＧ機関銃(原注5)を所有し、戦士たちも経験を積んだ者が多い。またアレッポ付近の三市のイスラム警察も担当するが、一年来、ほとんどがシリアに駐留する。しかしわれわれがしていることと彼らがしていることは比較にならない。われわれは毎日、昼夜関係なく攻撃に出ているのだ。彼らはカラシニコフを持っているくらいで、スーパーマーケット、ルクレールの警備員程度なのだ」。

原注5　二三、一四・五ミリの重機関銃は、対空戦に使われるが、市街戦のとき中型トラックからの攻撃にも使われ、リビアとシリアの反乱軍が多く使っている。ＢＫＣは重機関銃、ＲＰＧはソ連の旧型ロケットランチャーで、ゲリラに使われる（二〇一四年二月のインタビュー）。

13 当局の偽りの寛容さと無力感

「フランス警察の諜報部は、ぼくらが帰国するよりもシリアで死んでしまうことを望んでいる。フランスに居れば、悲惨なテロを起こすだろうから」

シリアでカラシニコフの操作ができるようになる前に、これらの青少年は全員、ロワシー・シャルル・ドゴール空港かオルリー空港の国境警察の爆弾探知機を通ってくる。彼らは確信をもってシリアに向かおうとするが、問題なく国境から出られるとはかぎらない。シリアに発つ前日、アブ・タスニムに軽い不安感がないとは言えなかった。「ぼくが捕まると思うかい？　今はあまりにも人に知られすぎていると思うけど」（二〇一三年のインタビュー）。たしかに一年前からこの若いフランス人青年は注目を浴びはじめている。アニメ『オギーとゴキブリ（仏語でカファール）』をもじって『オギーとクッファー（無信仰者）』というおどけたビデオに出ているのだ。あるとき、その表紙にモハメッド・メラとパキスタンのタリバンのチーフの一人、ハキムラ・メスード（二〇一三年末、米軍のドローンで撃ち殺された）の写真がのっていた。もう一つは、ミサイルで爆撃されたエッフェル塔のデッサン。サブタイトルに、「フランスに不幸を、フランス国民に不幸を」というメッセージが入っている。ムスリム系ラッパー、メディーヌの歌詞、「おれはムスリム、恐れないで」を逆用し、「おれはムスリムだ、怖がれ」を交替で点滅させる。チュニジア人長老のジハーディスト、カミス・メジリの言葉、「ムスリムは全員アルカイダになるべきだ」。彼のツイートには哲学的な思想が込められている。その内容を警戒したのは、フランス・ユダヤ人団体代表評議会（訳注1）（ＣＲＩＦ）だった。同評議会はサイトで「ジハーディストの一人がツイッターでメンバーたちにテロと殉死を呼びかけている」と警告している。また、イスラエル諜報特務庁（モサッド）元勤務者が関係するアメリカのユダヤ人協会によって書かれたメッセージは、ツイートの内容をテーマ別に類別すべきだと提案する。たとえば〈殺害・殉死・来世の楽園〉の章には、「イスラム教徒は異教徒のイヌたちを殺すべきだ、アッラーを崇めよ」「楽園の処女たちが待っている、敵である無信仰者たちに立ち向かおう」など。市民社会にたいする聖戦の章には、「〈イスラム国〉に移住する気のない人間はどんな言い訳を言っても通用しない。経済、軍隊、市民の住んでいるところで攻撃しなければならない」、「彼らブタどもはムスリム民族に宣戦布告した。眼には眼を、歯には歯を」。その他の章には、「もしエッフェル塔かエリゼ宮のそばにいたら、決まった時間に礼拝し、何も躊躇することはない……」。

パリの街で、アブ・タスニムは人目をはばかるようなことはしない。この二十歳の黒人青年は、「アッラーの敵」フランスで生まれ、パリ郊外で大きくなった。定期的に快速郊外線RERに乗るときも黒かベージュ色のカミーズと幅広のサルエルパンツ姿でスニーカーをはいている。頭にAQIM（イスラム・マグレブ諸国のアルカイダ）の戦士と同じターバンを頭に巻いている。この服装で彼は数人の兄弟たちと「ストリート布教活動」を行ない、イスラム教の栞《しおり》を街頭で配布し、夜はナイトクラブの入り口にも配って歩く。また聖戦支持者の集まるムスリム・コミュニティでの目立たない集会にも参加する。二〇一三年六月、ニカーブを着た女性への暴行事件後、郊外アルジャントゥイユで行なわれた、ムスリム排斥反対の抗議デモにも加わった。

訳注1　CRIF（フランス・ユダヤ人団体代表評議会）は、ナチス占領時代の一九四三年に秘密裏に構想され、正式に一九四四年に設立され、世界ユダヤ人会議に所属。現在ユダヤ人関係の六〇協会を擁する。

まだひげがそんなに長くなく、メガネをかけ、歯の矯正具を付けている若いアブ・タスニムの実際の容貌はネットで見るほど攻撃的には見えない。冗談を言うタイプでもあり、「投獄されてもかまわない。刑務所でゆっくりコーランを読めるから」。

多くの仲間たちと同様にアブ・タスニムは家族と断絶状態にある。ハイチ出身の家族は福音派キリスト教徒で、息子の新しい信念には何ら関心を示さない。むしろ彼を「テロリスト」とみなし、家から追い出した。仕事の面でも、料理人見習いの彼は、料理と宗教は折り合わないとし、辞職した。「料理に豚肉を使い、アルコール類もあるので宗教と相容れないので、つづけられなかった」。彼がラップを導入した電子音楽グループからも離れ、社会的にも孤立する。「エクステンディットプレイ（レコードのEP盤）を出すところだったけれど、ちょうどそのときアッラーの声が聴こえたのだ。ぼくにとって音楽はパッションの一つだったけれど、アッラーのために何かを諦めると、必ず他のもっと良いものを与えてくれるんだ」。音楽はイスラム教では禁じられているので、彼は宗教歌ナシードしか聞かず、ユーチューブで自分で制作したビデオとイマームの説教を一神教を表す黒い団旗を背景にアップロードした。彼は最初、西アフリカ出身のスーフィー派（イスラーム神秘主義派）の友人たちに吹き込まれた穏健派イスラームを信じていた。「最初、イスラームとは、ほおずり合ったり、なで合ったりするのだと友人らに言われた。そのあと『ムルジ派』(原注1)や『タクフィール派』のグループにも会いに行ったが、ぼくの求めていることとはまったく違うことがわかったので、これらの派からも離れ、スーフィー派（神秘主義派）に入った。「ハディース（ムハンマドの言行録）に、『傲慢な者は誰であれ、来世の楽園に行けない』とある。でもそれは戯言《たわごと》さ。スーフィー派からも離れた。ミンハジと呼ばれるNGO国際ネットワーク（一九八一年、パキスタンのムハマド・タヒール・ウル・カドリが創立）の人たちともツイッターで意見交換したら、ムハンマドは、『ビズーヌー』（熊のぬいぐるみのアニメ）レベルのガキどもが騒ぐようなものではないということをわからせてくれたのだ。それ以来、ぼくは原理主義派のイスラム教に改宗したんだ。マジさ。真正のイスラームに改宗したんだ」。ソーシャルネットワーク（SNS）で知り合った兄弟のところに泊まらせてもらい、シリアに一緒に向かうアブ・アユーブと出会った。十七歳のこの少年は、ひ弱なモロッコ系少年だった。

「飛行機の中でブラックはぼく一人」

ロワシー空港に到着後、この二人組は警察の諜報部にかぎつけられ、検問を問題なく通過できるとは思えなかった。しかし、一人のフランス人がどうやってシリアまで行くことに成功し

原注1　ムルジ派（静観主義派）、タクフィール派とも、サラフィスト・キエティスト（イスラームの布教に努める派）にたいする蔑称。

たかを思い浮かべていた。アブ・アメッドはSNSでも活動的で、一般に公開するフェイスブックでは熱心に改宗をすすめ、自分の写真とアイデンティティまで公開し、警察のブラックリストに載っていた。にもかかわらず、何も気にするようでもなく、新しく再婚した妻と、妻の前夫のあいだにできた女の子を連れて飛行機に乗った。誰もが感づいていたことは、フランス当局が、ジハード志願者を故意に出発させているのではないかということだった。内心、彼らが戻って来ないことを願っているのだ。この欺瞞的な寛容さの裏にはフランスにとって二重の利点が隠れていた。彼らをシリアに送り込むことによって、それだけ仏国内での危険を減らすことができ、シリアでフランス人戦士が死んでくれれば、アサド大統領政府軍にたいする戦況を有利にできる。そしてアサド政府軍はイスラエルにもっとも恐れられている敵軍の一つ、イランが軍事援助するレバノンのシーア派ヒズボラ武装組織に支えられている。また、シリアに行くフランス人によって、だいたいの構成員を識別できる。帰国時に彼らを尾行でき、取り調べることもできる。フランスを発つときに、アブ・タスニムはこのシナリオを恐れていた。しかし拘置されることを恐れてはいず、あまりにも多くのフランス人がシリアに行っているので、自分もチャンスに挑む決心をした。実際に、同行のアブ・アユーブは未成年者なのだが[原注2]、検問は何ら問題なかった。アブ・タスニムは確信していた。「コントロールも何もないんだ！　もしフランスに居たらフォルザーヌ・アリザ・グループ[原注3]がしていたようなテロを行なっていたはずだから、警察はそれを欲してないのだ。そうやってシリアに行きたい者は誰でもそのまま行かせる。フランスに居られたら手が回らなくなるから。そしてシリアから戻って来られると、たいへんなことになるから恐れているのだ」。

友人同士、二人はイスタンブールに到着したあと、シリアから数キロメートルしか離れていないジアンテップに国内線で向かう。満足しきっている。「飛行機の中でブラックはぼく一人だった！」。アブ・タスニムはシリア到着をライブ・ツイッターで知らせる。そしてスマホやインターネットを使ってメッセージと彼の写真をアップロードした。これらを追えばフランス警察もトルコ当局もたやすく盗聴することができた。この若い挑発者は、フェイスブックにメッセージの他、リアルタイムのグーグルマップをものせている。シリアに入る前日、彼はトルコの地元の天気図まで「摂氏二十二度、当地は高温」と、シリアにいる友人たちに送信する。「明日着く、インシャアッラー、兄弟たち、ドゥア（感嘆の声）」。アブ・タスニムはトルコからキリス経由でアレッポ方面を示す標識のイメージと共に行き順を示す。「もうじき目的地に着く。イ

原注2　フランスの司法警察の公式サイトが規定しているように、「個人・集団の出国に関し、親か付添人なしのフランス人未成年者の出国許可（ＡＳＴ）は二〇一三年一月より廃止された。それについては二〇一二年十一月二十日付通達が予告した」。それにもかかわらず二〇一三年、少女を含む一五人ほどのフランス人未成年者、ジハーディストの卵たちが付添人なしでシリアに飛んで行った。

原注3　フォルザーヌ・アリザ・グループ（誇りの騎士たち）はフランス国内のジハーディスト。二〇一二年、サルコジ大統領時代に解散された。

ンシャアッラー」。夕方前に目的地に到着したアブ・タスニムは、カラシニコフを抱える画像と共に「目的地に到着、アッラーのおかげ！」と投稿した。彼は出迎えの群れのなかでフェイスブックのジオロケーションをリアルタイム化し、たしかにシリアに着いたことを知らせ、まだフランスにいる不安組の志願者たちを安心させるために送る。「パラノイア（被害妄想）になる必要はない。ぼくみたいな札付きものでも来れたのだ」。西洋側に近いシリア自由反乱軍と戦ってきたジハーディストの監視のもとにアブ・アユーブは彼の十七歳の連れと共に、シリアの町アザズで最初の夜を迎えた。最初の段階として、ネットも仮眠状態にあり、あまり知られていない部隊に入れられた。この部隊の首長はアフガニスタンの元ベテラン戦士、エジプト人のアブ・オベイダ・アル・マスリ。彼は、ビン・ラディンと、現代ジハードの生みの親、アブダラ・アザム（訳注2）と共にアフガニスタンで戦った。マスリは懲役十年を服役後、最近釈放された。その後、初期からの戦士である彼はシリアにレバント・ムハマッド軍を創設し、現在のアルカイダの首長ザワヒリに忠誠を誓った。二人の若者は、アレッポ北西の町ハライテンにある基地で、彼らの友人アブ・アメッドと出会ったのである。

「シャンゼリゼでの大規模なテロ計画」

それより数週間前の二〇一三年九月、二十六歳のアブ・アメッドは先発組としてパリ・イスタンブール間直行便の搭乗前に冷や汗が出る思いをする。オルリー空港の税関で、税関員がスキャナーで彼のパスポートを検査するや顔色を変えた。渋い顔で、税関員は指で同僚に画面を見せ、疑わしい旅行者と彼の妻に列から離れて脇に出るようにと命令した。アブ・アメッドはアルジェリア系フランス人で、バカロレアのあと、パンテオン・アサス大学の元法学部学生。彼は空港で待っているあいだ、「シリア行きはこれで終わりと思い、床にひざまずいて跪拝しはじめた。このとき胸がどきどきし、シャームで戦っている兄弟たちにはもう会えず、フルリー・メロジス刑務所（エソンヌ県の仏最大の刑務所）で麻薬中毒者と退屈な服役生活を送ることになるのかと心配だった」。

フランスで名の知れたこのサイバー・ジハーディストは諜報部のブラックリストに載っていることを承知していた。三十分後、税関員が苦笑いを浮かべながら、旅行の目的を尋ねた。彼は落ち着きはらい、家族でイスタンブールのブルーモスクを見学に行くのだと答えた。税関員は満足げに彼にパスポートを返した。「彼は笑顔でぼくを見つめて『ボン・ボワイヤージュ！』と言ってくれた」。彼はどきどきしながら妻と妻の子どもとで危機一髪、搭乗口まで行けた。「情報局はぼくのようなやっかいものはフランスから国外に追い出したいのだ。アッラーのためにシリアに死に行く若者たちには戻って来てほしくないのだ。フランスに留めておけば、シャン

訳注2　パレスチナ生まれ（一九四一～八九）。グローバル・ジハードの生みの親。

ゼリゼにすごいテロを起こしかねないのだから。一〇人ほどのテロ志願者が集まれば、シャンゼリゼやトロカデロ広場、エッフェル塔脇のシャン・ド・マルスで大規模な同時多発テロを二日間にわたって起こすこともできるのだから」（二〇一三年十一月のインタビュー）。

ムジャヒディン（聖戦士）のパリ・ユーロディズニーランド

現地で三人のフランス人ジハード志願者の青年が軍事訓練をはじめようとしている。到着したばかりの青年一人が病気になり、アブ・タスニムは彼のカラシニコフを当分借りることにした。もらったと同じなので、戦利品を得たときに彼に返済することにした。「真夜中に起こされて、列を組んで外に出される。『靴も靴下も脱げ』と言われた」。地べたには砂利と刺毛が葉を覆っているイラクサがみっしり。その中を一時間くらい何も見えない暗闇をアヒルのように外股で早足で進まなければならない。うしろから先輩の兄弟たちが追い立てるのだ。そのあといったん寝につくのだが、もう一度起こされ、今度は上半身裸になれと命令される。そして回転運動をさせられる。ちょうどそれは『サバイバル』ものに似ている。これほど強烈な技に慣れていないアブ・タスニムはすぐに肩を痛める。二日目、彼は首長アブ・オベイダに忠誠を誓い、同時に彼のフェイスブックにそれをアップロードした。「その日以来、ぼくはほんとうにアルカイダに所属したことになる」とツイッターにもアップロードした。「警察の通報サービスに届け出る人がいたはずだ」。彼の消息を受け取っていない両親のことを考えている。「両親とは縁を切ったのだ、完全に。彼らは『この戦争はあんたの戦争じゃないんだから』と言っていたけど」。

未成年者であるアブ・アユーブは家族については無頓着で、家を去る前にUSBを置いてきただけだった。その中に彼がシリアに行く理由が書いてあった。アユーブはシリアに着いたあと、胸が押しつぶされるようで両親に電話する勇気もなかった。アブ・タスニムは日常の世話をしてやった。「彼にいい知らせを伝えてやった。彼には毎日が辛かっただろうし」。第一週目から彼らはフェイスブックに武器を抱える写真や朗らかな笑い顔と、神を崇めるしるしとして人差し指を天に向けている画像を次々にアップロードした。しかし、彼らのこれ見よがしのナルシスト的自己顕示とインフォメーションが敵側に利用されかねないと批判する者もいた。「おれたちはロフトストーリー（リアリティ番組）の中にいるのではない。兄弟たち、もっと目立たないように気をつけるべきだ。最後の戦闘のあと、多くの戦士が帰国している。祖国に戻らなくてももっと用心すべきなのだ。明日自分がどこにいるのかわからないのだから」。

しかしながらアブ・タスニムは、若者特有の興奮を抑えきれないでいた。新参ながら、グローバル・ジハードの中心的人物にも近づきになる。そのなかの幾人かは、すでにフランスでテロ犯罪容疑で罰せられている。「ここでは各国のムジャヒディンたちと出会う。イギリス人、ボスニア人、ソマリア人、日本人、中国人……といろいろな国々の出身者がいる。普通じゃないよ。アルカイダのビデオに出てくるすべての兄弟たちだ。まるでここはムジャヒディンのディズニーランドだ」。青年は、画像の持つ魔力を知っている。自分もそれによってフランスを去って来たのだから。自分の画像をアップロードすることで、彼のあとに付いて来るようにと勧誘する。その数日後から、覆面を被り顔を隠すようになった。「画像は敵側に使われるし、外国人戦士の逮捕は敵側にとって非常に有利なのだから。よく知られていればいるほど、価値があるものになる。アサド大統領に高く引き渡せるからだ」。覆面を被っていようがいまいが、彼のフェイスブックによる活動は予想以上に効果をもたらしている。彼らがハライテンに到着して以来、連日フェイスブックにはシリアに行く道順を尋ねるメッセージが押し寄せる。アブ・タスニムは送信者の中から自分と結婚してくれる、信念を持ったフランス人女性が見つかれば、シリアで家庭を持つことができるのではないかという希望に胸を膨らませる。まだ決心できず迷っている者には、厳しい命令的なメッセージを送る。「呪われた地で暮らすムスリムたちに向けて、神に祝福された地、シャームからのメッセージ。イスラム共同体に立ちはだかる不運を前にしてどうして何もしないでいられるのか。これは救いを求める最終的呼びかけだ！　あなた方には、イスラム共同体が直面している悲劇への責任を果たす義務があるのです。今、わたしたちはシリア北部で孤立し、連合国軍の空爆にさらされています。わたしたちに同情するような真似をするときではないのです。世界中のムスリムの一人ひとりが立ち上がり、現地に移住しジハードに参加すべきです、神のために。ジハードでは誠実な人と偽善的な人ははっきりと区別できます。何度説明しなければならないのでしょうか？　偽善的な人が行く先は業火（地獄）でしかなく、そこに永遠にとどまるのです。今、あなた方が必要なのです。移住して来ることは各自の義務なのです。ゲヘナ（業火）と楽園との境界は紙一重なのです。今日、あなたは、イスラム教徒として最も重要な責任を果たせないでいるのです。責任とは、イスラム共同体が攻撃されたときは防衛するということです」。フェイスブックは、今やわんさと金がたまる宝箱のようになっている。「戦争がはじまっているのだから、あなたは自分の責任を果たすべきなのです。戦線で戦っている戦士や、神の啓典（コーラン）をそのまま受け継ぐ将来のライオン（戦士）となる世代を育てる女性たちが必要なのです。どんなにお金がかかってもムジャヒディン（戦士）の戦列に加わってください。数百人、数千人でも国境を越えて来てください。来るのに資金などは必要なく、突撃隊になる軍事訓練も必要ないのです。肥満体でも痩すぎでも問題ありません、とにかく来ることです。男性、女性でも、子連れでも、子なしでも、既婚者でも独身でも離婚者でもかまいません。わたしたちに加わってください！　躊躇なさるどんな理由も言い訳も受け入れません」。

止められないフランス人の若者たちの流出

フェイスブックによる呼びかけキャンペーンがもたらしたジハード志願者への異常な反響は、

彼ら自身、フランスとトルコ当局の彼らにたいする偽りの寛容政策が起因しているのではないかと見抜いている。彼らのなかには、ウエスタンユニオンの国際送金を受け取りに行くときや、安全地帯に残してきた家族に会いに行くために定期的に国境を越えている者もいる。またある者は、負傷の治療のため、または戦闘の疲れを癒すためにトルコに行っている。〈イスラム国〉のフランス人戦士、アブ・ナイムはジハーディスト側とトルコ政府のあいだに不戦協定が結ばれていることに言及している。両方とも共通の敵、クルド自治政府の武装勢力と戦っているからだ。「ここではジハードはトルコ公認の聖戦であり、住民に好感を持たれており、彼らの目的にそっているから、聖戦士を逮捕するようなことはしない。このことについては米軍もフランス軍もよく知っていて、しかも彼らには都合がいいのだ。シリアの上空にドローンを飛ばし、我慢できなくなると空爆するわけだ。爆撃は毎回成功する。しかし戦争は彼らに返ってくる。それが現実さ。今のところ税関はぼくらを通しているが、イスタンブール空港で、『シリアに戻りたいのだが、どうやって行けばいいのか』と聞くと、『どの町を通って、どの町を通過すればいい』と言う。観光局もどうやってシリアに入れるか教えてくれる。誰もが国境は閉鎖されていると言うのだが、閉鎖されることはない、それは嘘だ」。

実際、フランス当局が若者のシリア行きにはたして寛容なのか。そう見られているだけなのか、だがフランスへの帰国者にたいしてはそう寛容ではない。シリアに向かった者は、国内情報総局（ＤＣＲＩ）によって尋問を受けたと言う。フランスでテロ容疑でブラックリストに載っている幾人かもシリアに発っている。彼らはテロ活動の疑いで司法警察の監視下にある。しかしながら民主主義国家では、シリアに行くというだけの理由で検挙することはできない。誰もがバカンスでトルコやチュニジアに行くのは自由なのである。シリアに行ったことが確認されても（いつもそうとはかぎらない）、フランス警察はテロリスト・グループと関係があるかどうかの証拠がないかぎり取り調べもできない。しかしこの点には議論の余地がある。二〇一三年には携帯電話とウェブの監視下にあった一五人ほどの旅行者がフランス出国時とシリアからの帰国時に取り調べを受けている。それは大海の一滴にすぎない。このような監視活動のために一五人の職員が一人の人物をフルタイムで監視しつづけるのである。フランス・シリア間の出入国者の大群をフランス当局は監視しきれなくなっている。先に触れた空港での検挙数は微々たるもので、若者たちの大群がシリアに行き、軍事経験のある者がフランスに戻ってくる。（原注4）そのなかには実際に仏国内でのテロ計画をあたためている血気盛んな戦士もいるのである。

原注4　イラクとシャーム（シリア地域）の〈イスラム国〉に行った南仏出身のある若者は、カンヌ・トルシー・グループのブラックリストに載っていた。彼の兄は仏軍兵士であり、武器を兄から横領した疑いで二〇一四年一月、シリアから帰国した際にイタリアで逮捕された。

14　アッラーの敵、フランスを攻撃するためにフランスに戻る?

「ここにいる多くのジハーディストはフランス人であり、フランスのパスポートを持っている。彼らはシリアに来て軍事訓練を受け、フランス国内での作戦計画を練っている」

「シリアの春」の革命後三年経ち、シリアのジハードはフェイスブックでかなり小説化された時期から変化している。アブ・タスニムはそれを感じていた。到着四カ月後、彼の友人の一人、ベルギー人が路上でシリア自由軍のスナイパーで殺された。アブ・タスニムはまだ一人も殺したこともなく、戦場にも出ていないが、シリアで幅を利かせはじめていた。彼には歯の矯正器具を外すために歯科医に会いに行く時間もあった。「矯正器具を取るのに、ジハーディストからは一サンチームも払わせないのだ。ぼくたちに非常に好感を持っているのだ。神が篤く報いてくれることだろう。この歯科医は立派な医院を持っている。助手もいてすべて完備している。カラシニコフを持ったまま入って行ける。名前が記帳されたあと、待合室で待っていればいい。ほんとうに立派な病院だ」（二〇一三年十二月のインタビュー）。この日、サイバーカフェで彼は歯ぎしりしていた。今の敵はアサド大統領政府軍ではなくて、反乱軍の一部隊がジハーディストたちに宣戦布告し、町を包囲しているのだ。二十歳の若いフランス人戦士、アブ・タスニムはシリアの山岳地ラタキエで一カ月の訓練を終えたばかりで、戦線に行くのを待ちわびていた。しかし、彼の部隊が属するアル・ヌスラ戦線の首長は、兄弟殺しの戦いを鎮めようとしていた。「ぼくは気が張りつめている。ここに閉じ込められていて欲求不満が溜るいっぽうだ。遠くの戦闘を眺めている観衆にすぎない。シリア自由軍の兵士たちが道路を閉鎖しているからだ。ぼくだったら、彼らの中央に突っ込んでいき、全員を殺してしまう。しかし、アル・ジュラニ首長(原注1)は停戦を呼びかけた」。

四〇〇人から五〇〇人のフランス人ジハーディスト

待機しているあいだ、アブ・タスニム青年はフランスにいたときのように、訓練の合間に礼拝し、スナックに食べに行き、SNSで時間をつぶす。「ほんとうの戦争じゃない。前線に行くでもなし、朝の訓練を受け、朝食のあと読書し、あとは何をしてもいい。作戦がはじまるときに号令がかかる。でもぼくの仕事は街中でするもので、明確な目的がある。たとえば誘拐、狙っている人物を殺すこと……など。兄弟たちは皆戦場で戦っているが、誰もアサド政府軍側の残虐な民兵に手を出すことはしないので、われわれが彼らを退治している。彼らの大きな邸宅に侵入し、中にいる者を捕まえて縛り上げ、戦利品として持ち出せる物を選別する。ぼくたちの活動は内戦前に彼らが住んでいた邸宅を空にすること」。

二〇一四年初め、アブ・タスニムによれば、シリアのジハーディストとしてフランス人は女性、子どもは別として四〇〇人から五〇〇人いたとみる。彼はフランスには絶対に戻らないと言う。「絶対に！」。その反面、幾人かのフランス人は、彼らが受けた軍事訓練を自国で活かすためにフランスに戻ると言う。「ここで訓練を受けてフランスに帰国するフランス人が多い、イ

原注1　アル・ジュラニは、アルカイダのシリア支部、アル・ヌスラ戦線首長の名。イラク人だが、正確な氏名は不明。

ンシャアッラー（アッラーの御意志なら）。彼らには都合がいい、彼らから遠いところでぼくらが戦いつづけるのだから。でもそれで終わりというわけにはいかない。なかにはシリアのあとトルコに行き三カ月滞在するそうだ、バカンスに行くように。そうすれば彼らがシリアにいたという証拠がなくなるし。同じようなやり方でフランスに戻った兄弟を知っている。もう一人も、そうしたけれど帰国時に空港で逮捕された。テロをするために帰国したのだけれど。ゆくゆくは成功すると思う」。

ジハーディスト・グループのなかで、フランス国内で、とくに市民をテロの対象にすることについては意見が分かれていた。なぜならほとんどの戦士たちは、シリアに残って殉死したがっていたからだ。シリアに戦闘に行くよりもコンピュータの前に座っていることに幻滅することもあるが。二〇一三年春、スレイマンとクレマンスは子どもを連れてアレッポに着いたときの体験が苦い思い出となっている。「兄弟たちの出迎えが想像していたよりも冷たかったことと、〝住居〟を見たとき、来る前に『何も心配ないから』と言われたことを思い出した。二週間後にぼくらは窓もドアも水道も電気もない個室に放り込まれた。そこは不潔そのもので、水は五階までドラム缶を持って毎日登って行かなくてはならない。電気もつかない、発電所はシリア政府軍が占拠しており、一日三十分ほど気が向いたとき電気がつく」（二〇一三年八月のインタビュー）。町は戦闘地区に入っていて、地区の四分の三を反乱軍が占拠しているので、この一年以上、政府軍の空爆と砲撃がつづいている。「ぼくはすべて面倒をみてくれるのだと思っていたのだが、まるっきり逆で、一番の問題はお金が要るということ。それであちらから一〇〇ユーロ、こちらから一〇〇ユーロというふうに送金してもらうほかなかった。まあ、アッラーを信じているけれど」。カップルのなけなしのお金もじきに底をつき、当てにしていた給与はもらえなかった。そのうえ、着いたときに貸してもらったカラシニコフの代金一五〇〇ユーロも返済しなければならない。「フェイスブックでは『財政的にも管理が行きとどいている』と書いているが、何も管理されていない。こういう状況だ、と言われていたとしても、とにかく来てしまった。でもそのように自分も準備してきたと思うけれど、すべてインターネットでイメージや武器なども見たわけで、フェイスブックやツイッターで見るかぎり、何でもそろっているように見えた。しかし実際に来てみると何もない」。

スレイマンは後悔し、フェイスブックで知り合ったアレッポのフランス人たちとの関係を絶ち、新しいシリア人仲間に会いに行った。シリア人たちは彼のためにこぎれいなアパートを探してくれた。彼のいるところは、アレッポの反乱軍地区と政府軍地区との境目にあった。撃ち合う砲弾の音は数百メートル離れたところまで響いていた。それでも夫婦の住居には少なくとも水道と給湯、一日最低五時間は電気がつくようになっていた。家族は救われたと思っている。「でもこの界隈には、もっとひどい家に住んでいる人もいるの。近所には、爆撃で真っ二つになったアパートもあり、その中で人が暮らしているし、ごみ箱から食べ物を探している子どももいるの」。スレイマンはフランスにいる母親とコンタクトを保っている。彼女から彼のスマホにつながるときは話すようにしている。「しかし通話するには道路に出なくてはならない。道路には狙撃兵がいるし。いつも母は心配し苛々している」。フランスを去る前に、母にはシリアでの人道的活動に参加すると言っておいたが、現地で見たことを、フランスにいる人に話すことはできない、と告白せざるを得ない。電話で話すたびに母は、彼に帰ってくるようにと嘆願する。生活環境がどうであれ、彼にとって、「ここまで無駄に来たのではない」という信念は揺るがない。すでに六カ月いるのだが、まだ一度も戦闘に出ておらす、フランスでビデオを見ながら夢見ていた武装部隊にも加わっていない。「アッラーのために何もいいことをしていないと思う。苛々しているのは個人的悩み、もしくは人間的あつれきからくるものかも知れないけど。シャームやイラクにはまだたくさんするべきことがある。ぼくはフランスが嫌いではなく、無信仰者を憎悪するだけだ。フランスを憎悪すると言うのは辛いけれど、ぼくのメッセージを受け取らなかった人まで憎悪することはできない」。

あとには戻れない選択

同じ時期にシリアに来たヤシヌも同じような精神状態にあった。最初の頃は、アレッポでの日常生活は、町のチェックポイントを監視しながら見回り役をさせられた。「よく狙撃されることがあり、震え上がったけれど、そのあとは怖がらなかった、死ぬために来たのだから。兄弟たちに称賛されるとしたら、二種類の称賛しかない、殉死するか戦勝するか二つに一つ」。しかしヤシヌはグループに忠誠を誓っていないが、ジハードに自主的に参加している。イラク・シャームの〈イスラム国〉とアル・ヌスラ戦線の両方に貢献できればいいと思っている。彼はいつも二人のモロッコ系フランス人の友人と一緒にいる。パリにいたときに契約しておいたクレジット会社コフィディとソフィンコのクレジットで約二〇〇〇ユーロの武器を購入できた。一三〇〇ユーロのカラシニコフと、照準装置、ピストル、長いナイフと手榴弾など。前線に行くと、部隊長から銃弾をもらう。でも治安のために自前で、一個一ユーロで買わなければならない」。見張り番のとき、彼はいつも自爆ベルトを体に巻いている。「銃弾がなくなったときには敵に突っ込んで行き、自爆すればいいわけだ！」。三カ月後には、彼の容貌が変わっていた。ひげと髪の毛がたいぶ伸び、筋肉も隆々としている。ジーンズと軍隊用の黒のカミーズを友人と交換した。無蓋車にはカラシニコフの装填装置五個を載せている。彼の帽子には「シャハーダ（信仰告白）の印が緯《よこ》打ちされている。「ジムもある。カラシニコフを持つには筋肉がないとね、軽いものじゃないから」。最初の基本を訓練され、じきに高度の技術に移る。「ぼくは手榴弾の使い方を習い、爆発物、そして一二・七ミリ、一四・五ミリの重機関銃はそれほど難しくない、アルハムドリッラー（アッラーのおかげ）。今は、特別隊の狙撃兵になるための訓練をしてくれるように頼んである」。

毎日が厳しい状況にありながら、幸福感に満たされているヤシヌは、「ここで、ぼくは誰よりも幸せな男、主に向かって馳せて来たのだから」。彼にとって、この聖なる地にいることは神に選ばれたからだと思えるのだ。「今、ぼくは神に選ばれたと感じるから心が平安だ。誰もがシャームの地に来れるとはかぎらない。アッラーは言った『最良の創造物を統一し、この地に最良の共同体をつくる』と。ムハンマドも言っている、『終末に共同体の誰でも、シャームにいれば、五〇人の使徒に報われる。神のために戦うために神の道に向かって移住してきた者のすべての過去の罪は消し去られ、悪行は善行に変えられる』。なぜならきみが決断したからだ。現世を超えた来世の地を望んだのだから。神は言っている、『現世を選ぶ者にはこの世の屑しか与えない、来世では何も報われない。しかし来世を選んだ者には来世の楽園を与え、現世は足下に横たわる』と。国立行政学院（ＥＮＡ）を出なくても、この二つの道のどちらがいいかは誰にでもわかるはず」。

ヤシヌはこの至福の境地を、すべてを失ってしまった彼の妻子たちとは分かち合えないでいる。「フランスにいた頃は、移民の子どもが望む何でも叶えられた。経済的余裕、職業、女性、アパート、愛する家族など。しかし、心が収まるには身体が窮屈すぎたのだ。物質的に何不自由なかったのだが居心地が悪かった。なぜなら兄弟たちが〝アッラーのほかに神はなし〟と信じて（ムスリムであるがために）戦うが故に殺されていることを意識していたから。暖かい部屋で、シャワーを浴び、自分自身に『ぼくはムスリムだから一日五回礼拝している』と言って自己満足している。でもそれは真のイスラームではない。ムスリムは、イスラームのために戦い、弾圧されている人びとを支援すべきなのだ」。したがって彼がとった決断はもはやあとに戻れない。「一度無信仰者の地を離れ、イスラームの地に向かったら、うしろに戻ることはできない。当地で戦わないというのなら別だが。それはぼくの目的ではないし、ぼくの意志は、イスラームの地を解放し、タンジェ(訳注1)からジャカルタまでおよぶカリファァを再建することなのだ。ヨーロッパはヨーロッパ人に任せておき、好きなようにすればいい。しかしわれわれの地ではわれわれが望むようにさせておいてほしい。その地で宗教を大切にするのは正当な権利さ」。こう言いながらも、彼はフランスの家族と完全に関係を絶っておらず、母親が絶えず電話で帰国するようにと嘆願する。「ぼくは常に彼女の赤ん坊なのだ」。元に戻る誘惑を断ち切るためにヤシヌは正式にトルコとシリアの国境線を超えた。彼のパスポートには、反乱軍地区での滞在を認める検印が押されている。「この検印を危険視する人もいるけれど、ぼくは後戻りしないためにもいいと思っている。なぜならフランスに戻れば確実に、刑務所に直行することになるから。七転八起ということかな。どちらにしても絶対にフランスには戻らない」。六カ月後、彼は、オマル・オムセンが率いるアル・ヌスラ戦線の新しいフランス人部隊に入った。オムセンとはす

訳注1　モロッコのタンジェからインドネシアのジャカルタまでおよぶ広大なカリファァ。

でにインターネットで知り合い、フランスでも会っている。

一つのジハードから別のジハードへ

オマル・オムセンはフランスにいた頃、すでにフランス国内でテロを行なうことに反対していた。レバント・アルカイダのフランス人部隊の首長になった今も、その考えを捨てておらず、弾圧されるスンニ派住民を支援し、カリファァを再建するというロマンチックなパルティザン（ゲリラ戦）的な姿勢を捨てていない。スペイン内戦に参加した国際旅団の思想にも通じるところがある。彼のように多くの若いジハーディストたちはシリア行きの最終目的を殉死することとしている。彼らは、戦況が逆転し強制送還という不測の事態になるかも知れないことを考えようともしない。最近の実例として、ボスニアでのジハードの展開を思い起こすことができる。旧ユーゴスラビア内戦に外国人志願兵がムスリムを支援するためにムジャヒディン（聖戦士）に加わった。多くの者がアフガン・ジハードから、ボスニア・ヘルツェゴビナ連邦軍の先鋭部隊に入った。一九九五年、デイトン平和協定締結時に、ムジャヒディンは戦犯行為と蛮行が咎められ、出身国へ強制送還させられた。しかし二年間の戦闘を終えたあと、多くの者にとって民間人の生活に戻るのは難しかった。一九九六年、フランス北部でイスラームに改宗した二人のフランス人が、これらの旧部隊員一〇人ほどとフランスにジハードを輸入していたことがわかる。このグループは、メディアに「ルベ市のギャング」または「アッラーのシェティ」[原注2]と呼ばれ、三カ月にわたり、強盗や爆発物、カラシニコフ、ジャイロジェット・ピストルなどによる撃ち合いを繰り返し、警備隊を慌てさせた。ムジャヒディン・グループのなかには、9・11同時多発テロの頭脳となった者もいる。中核人物とみなされたカリッド・モハメッド またはモハメッド・アッタはタワーに激突した旅客機のパイロットを務めている。

一つ一つのジハード（聖戦）がアルカイダの世界的存在を強化し、各地に恐怖をもたらしていった。最初にアフガニスタンでのロシア軍との戦いによってウサマ・ビン・ラディンの位置が確立した。一九九〇年、アルジェリアで「アフガン」という名でベテラン戦士たちがつくった武装イスラム集団（ＧＩＡ）がアルジェリアでのゲリラ戦を強め、マグレブ・イスラム諸国のアルカイダ（ＡＱＩＭ）へと発展していった。

同様の現象がイラクにも生まれ、二〇〇三年、米軍侵攻によって当時衰退ぎみだったアルカイダに新風を吹き込むことになる。そしてグループは十倍に増大し、シリアのフランス人ジハーディストを引きつける。シリアのジハードも以前より十倍のフランス人を迎え入れている。そして彼らの多くはイラク・レバント（シリアを囲む地域）の〈イスラム国〉に所属し、フラン

原注2　ダニー・ブーン主演の喜劇映画『シェティの国へようこそ』）の舞台、ノール・パ・ド・カレ県。

スに戻り、テロ作戦を行なう意志があることを隠していない。

シリアに一年、そのうちの半分はイラクの〈イスラム国〉の部隊にいたアブ・ナイムも同じ計画を持っていた。彼はモハメッド・メラが踏んだのと同じ行程をたどることを夢見ている。「もちろんフランスには帰りたい。無信仰者の国に戻って無信仰者を殺したい。フランスを徹底的に撃ちのめしたい」。このような目標を立てるのは彼だけではないようだ。「フランス人が知っておくべきことは、ここにはフランスのパスポートを持っているフランス人が多い。彼らはここに来て軍事訓練を受けている。そしてそれぞれが計画を持っている。いつかはフランスに重大なテロ事件が起こるだろう。うまくいくことを願っている。彼らの望むことは、信仰を持っている者が無信仰者をやっつけるということだ。計画を実現する者もいるし、しない者もいる。でも全員が同じ考えを持っている。今になって『西洋諸国でテロを起こすべきではない。それは良くない』と言う者は、ぼくたちのなかには一人もいない」。アブ・ナイムの決意はシリアにいるあいだ、ますます強まっていった。「フランスで市民が恐怖を覚えるのは当然で、ぼくなら、まだ充分に怖がっていないと言ってやりたい。現実的に彼らに迫っている脅威がどんなものであるかまだ充分に認識していない。アッラーは、モハメッド・メラみたいな個別テロ犯をこれからたくさん送り込むだろう、インシャアッラー（アッラーの御意志なら）。メラはその道を開いたのであって、フランスでジハードの火ぶたを切った。その火付け役になり、多くの兄弟たちに刺激を与えてくれたのだ。これからもっと多くの、腕のいいメラがあとにつづくことだろう、インシャアッラー」。

「フランスでの一回のテロにつき、一〇〇人の兄弟戦士を動員」

アブ・ナイムのアメリカ、フランスにたいする憎悪は、アフガニスタン、そしてイラクへの両国の侵攻、イエメン、パキスタンでの米軍のドローンによる空爆で多くの住民が死亡したことにある。マリへの仏軍の参戦やイスラム女性の全身を被うニカーブの禁止令、アラブ独裁国への支援など。「目標は無信仰者の国に戦争を移らせ、恐怖の力関係を変えること。ぼくたちには、目には目を、歯には歯を、のタリオン法がある。敵たちはここまで来て、女子どもを殺すこともできる。ぼくは彼らの国に行って彼らの妻や女どもを殺してやる。女子どもを狙うことは禁じられていると言われるが、ハディース（ムハンマドの言行録）の中にはそれについて多く言及されている。一般論として、『女性と子どもは殺してはいけない』のだが、例外がなくもない。しかし、モハメッド・メラが行なった個別銃殺テロにはすべての行為が許されていて、すべてはっきりしている。無信仰者、多神教徒には、どこでも暴力を加えていいのであり、彼らの国でそれを行なうのはいいことだ。なぜなら無信仰者たちはあまり死人を見ることも、血を見ることもないし、戦争に身を置いたこともないのだから。彼らは、長いあいだ戦争を体験していないから、よその国で起きている戦争に賛成し、戦死者を見ていないから外国で戦死者が出ても何も言わない。ぼくらが最後にいたダウラ基地が爆撃されたとき、一九人の子どもが殺された。小さな少女の頭が炸裂し脳が出ていた。彼らはそれを見ていないから無関心なのだ。人びとは賃金引き上げを政府に要求する抗議デモを行なって騒いでいる」。

アブ・ナイムは単刀直入に、兵隊を狙う以上に市民を狙い、ムスリム住民が被害にあっても問題にはならないと言う。「無信仰の市民をどうするかという問題について戦士同士で話し合ったこともあるが、禁じられているかどうかが問題ではなく、何が重要かということなのだ。ムスリム共同体とイスラームを攻撃する敵にたいして反撃すること、多くの者がこの意見に同意する。しかし、ぼくがフランスを攻撃するとしたら、市民を対象にしたい。なぜなら兵士たちはほとんどが無信仰者だが、市民は、自国の軍隊がよその国で住民を殺しているのに全然関心を持たないからだ。テレビやユーチューブで毎日住民が殺されているのを見ているのに。それは救助懈怠《けたい》罪になり、何もしないということは有罪だ。ぼくは彼らの家に侵入し、彼らを殺す。彼らのなかに、何の罪のない者がいても、イラクやアフガニスタン、マリの戦争でも、殺されることは避けられない。明日もしフランスを攻撃するとなったら、警察署に突っ込んで行って四方八方に撃ち込んでやる。そこにニカーブのために捕まったムスリム女性がいて、彼女も撃ち殺されるかもしれないけれど、それはぼくの責任ではない。彼女はニカーブを着たその勇気でアッラーに報われる。そしてぼくは彼女を殺したからゲヘナ（地獄）に行かせられるのではない。ムハンマドは何と言っていた？　多神教徒のなかで暮らしている者は認めないと言っていた。ムスリムたちは、ムスリムとしての権利を持っているけれど、無信仰者の地で暮らすことはムスリムとしての一つの義務を怠っている。つまり、イスラームの地に移住し自分を守るという権利がある。きみは無信仰者のなかで暮らしているのだから、きみの将来については心配しないけれど。無信仰者の暮らしている土地を離れて、真正のイスラームを生きられる地に移住する努力をすべきなのだ」。

今ではアブ・ナイムは、どんな武器でも爆発物でも使用することができる。彼に言わせれば、フランスでテロを起こせば他の若者にジハードへの道を進む勇気を与えるだろうと言う。「ぼくの目標は、シリアにシャリーア法を施行するカリファをつくることだが、シリア以外の地での戦略もその力になれる。フランスでの一回のテロに一〇〇人の兄弟たちを動員できる。それによって若者たちにジハードを呼びかけることができ、無信仰者たちに恐怖を植えつけることもできる。そうすればフランス軍もムスリムを攻撃するのにもっと慎重になるはずだ」。アブ・ナイムはテロリストという言葉を拒否しない。「テロリストとは、恐怖を与え、他人に何かを押しつけること。敵側は民主主義を他国に強要するために独裁政権を使うのだ。ぼくは彼らにシャリーア法を強制するために恐怖を与える。イスラームは自明のものであり、シャリーア法も自明のもの。自分がそれを受け入れ、与えられるもの。大地は『至高で光栄なる』アッラーのものであり、ぼくはイスラム法がいたるところで適用されるようになるまで戦いぬく。そのために誰の意見も聞かない」。

フランス国内でテロを行なうかどうかという問題は、フランス人ジハーディストのあいだで意見が分かれていた。テロ賛美論はよく口にされた話題でもあった。二十三歳のパリジャン、アレクサンドル・セドリックはイスラームに改宗する前はカトリック教徒だった。「ぼくはフランスを憎悪する。ライシテ（政教分離）の国でありながら、人権を尊重せず、ぼくたちが選んだ宗教を自由に信仰させてくれない。ぼくは神のために人びとを愛するとともに、神のために彼らを憎悪する。これがぼくの考え方だ」。セドリックは、軍隊に入っている弟を殺すこともできると言う。「底辺のムスリムも、偽善者になりたくないなら、テロリストになるべきなのだ。アッラーは言っていた、『汝の敵を、わたしの敵を恐怖に陥れよ』と。ぼくはモハメッド・メラがしたことに賛成だ。フランス軍がやっていることを見れば、『誰がテロを行なっているのか』訊きたくなる。仏軍は何をしにマリに行ったと思う？　ぼくの弟は兵隊だけれど、彼に言ってあるが、ぼくは〈契約と否認〉の定めを実践しているから、もし弟がムスリムを殺して帰って来たら、広場の公衆の前で即座に斬首する。イスラームを信じる兄のほうが、同じ腹から出てきた無信仰の弟より大切なのだ。ぼくの宗教は何よりも大事なのだ」。

フランス当局が、シリア帰りのフランス人を全員チェックするのは難しいが、彼らを非常に警戒していることはよく理解できる。二〇一四年に約七〇人が戻って来ている。多くの者はマークされずに帰国しているのだが、幾人かは司法警察の取り調べを受け、「テロ犯罪集団に加わった容疑で有罪となれば懲役刑十年の判決が下るはずだ」。ジハーディストが祖国に戻ってきた理由のなかには、現地で実際の戦争に立ち向かう勇気がなかったか、バーチャル戦争から現実の残虐な戦闘に直面したことの恐怖などがある。イスラム教徒仲間は、「彼らの信仰心、誠実心の欠如」を咎め、「裏切り者」とみなす。二〇一四年一月、トゥールーズ出身の二人の未成年はシリアからの帰国時に逮捕され、「テロリズム活動に関する犯罪集団と関係を持った」疑いで司法警察に取り調べられた。この事件はメディアや一般に、ジハーディスト症候群の一例として公表された。さらにジハーディスト戦士たちの帰国の増加の裏には、現地で過ごすうえでの経済的困難さがうかがえる。9・11同時多発テロ後、シリアでの内戦へとつづくなかでアルカイダと関係をもつジハーディスト・グループを支援する国はない。現在、同グループは占領地の住民から税金や個人の援助金、戦利品、西洋人人質の身代金などでまかなっている。資金稼ぎのために、首長は「無信仰者の地」での作戦を戦士たちに命令できる。様々な戦略の中には、寄金集め、クレジット詐欺、二〇一三年九月のイヴリーヌ県のクイック・レストランの襲撃・強盗などもある。

いろいろあるなかでも、当局に最も恐れられているのは、ジハーディストがモハメッド・メラのように個人武装テロを行なうことである。本書を書いているこの時点で、シリアに渡ったフランス人は約三〇〇人。(訳注2) 彼らのなかには分裂もあり、そのうちの一グループが成功するかどうかわからないにしても、計画を実行に移すと考えるのが現実的と言えよう。脅威は直接フランスを標的にしているが、イギリス、ベルギー、オランダ、ドイツ、ノルウェー、そしてデンマークも類似のテロリズムの波が押し寄せると考えられる。その脅威から防衛するために、イギリスは二〇一四年初頭に大胆な政策を制定した。シリアに渡った二重国籍者の英国籍を剥奪(訳注3)することだった。

出版にあたって、レ・アレーヌ出版社とフランス国際放送アフリカ部の支援、チュニジア人ジャーナリスト、友人のアムディ・トゥリリに深く感謝申し上げます。

訳注2　フランス内務省によれば、二〇一四年一月以来、一一六％増加し、二〇一六年五月現在、フランス人ジハーディスト一二〇〇人（女性は三〇％）、シリア・イラクに三九〇人。死者六〇人、帰国者二三四人のうちフランス人一八五人。尋問対象者一八〇人、取り調べ一一八人、拘置・服役者八二人。全国の調査対象者五〇〇人。

訳注3　二〇一五年十一月十三日のパリ同時多発テロから受けた深い衝撃と強烈な怒りから、オランド大統領も英国と同様に、二重国籍のテロ犯の仏国籍剥奪案を提案したが大多数の国民が反対し、お蔵入りとなった。

訳者あとがき

本書『フランス人ジハーディスト』の著者ダヴィッド・トムソンは、フランス・ラジオ放送局の特派員として二〇一一年から二〇一四年初めまでチュニジアとリビアに滞在し、仏独テレビ局アルテのドキュメンタリー映画『ジハードの誘惑』の取材中に、チュニジアにいたフランス人ジハード志願者と出会った。街のカフェなどで、これからシリアに向かい、ジハード（イスラム聖戦）の一兵卒になろうとしていた数十人のフランス人青年たちと会い、そのなかの一八人がスマホやスカイプを使って、彼らがシリアに向かうことに決めた経緯や動機などを語ってくれた。

女性も含め一時は最高一〇〇〇人にまでのぼったジハード志願のフランス人の大半は、大都市郊外の出身者で、かなりの若者が麻薬の元ディーラーや元強盗犯だった。彼らにとってフランスでの将来は、差別社会の中で失業者になるか刑務所で過ごすかの未来しか残されていない。前科のある若者のなかで、とくに多いのは両親が六〇年代マグレブ諸国（北アフリカ諸国）からの移民の後世代で、フランスの教育を受けながらも社会で受ける人種差別への怨念が、フランスにたいする憎悪となっていった若者たちだ。

中東で第一次大戦まで植民地政策を貫いてきたイギリスとフランスは、西洋諸国のなかでいちばんムスリム人口が多い。

二〇一四年六月、バグダーディー（イラク大学でイスラム学の博士号を取得したと言われる）が〈イスラム国〉（ＩＳ）の設立を宣言し、自らカリファの首長カリフを自認した。

ここ数年イギリスとフランスが、ＩＳが狙うテロの対象国となっている。その遠因は、百年前の一九一六年、第一次大戦中、ドイツと同盟したオスマン帝国を解体させるため、英国の外交官マーク・サイクスと仏外交官ジョルジュ＝ピコが秘密裏に交わした協定により、フランスがシリアとレバノン、イラク北部のモスル地域を委任統治し、英国は他のメソポタミア地域とトランスヨルダンの委任統治を決めた。このとき英国とフランスが中東を条規で線を引いたように分割したのがサイクス・ピコ条約だった。

ＩＳが二年間で急速に膨張し、拡大していったのは、米軍占領以後のイラクのシーア派政権反対派のスンニ派、サダム・フセイン時代の元兵士や元官僚、住民を巻き込み、そしてシリアのアサド大統領独裁政権にたいし反乱を起こしたイスラム過激派小グループやアルカイダ系活動家などを吸収していったからだ。そして、その背景には、米国をはじめとした有志連合軍による占領と空爆がある。ＩＳがイラクからシリア北部にまで進出、占領していったことにより、百年前に敷かれた「両国の国境がついになくなった」と、指導者バグダーディーが宣言したのは、西洋にたいしジハードを掲げるISの西洋諸国への復讐の言葉だった。そしてオスマン帝国の解体と共に衰退した、シャリーア法が統治する「カリファ」の復活に挑むのである。

しかし西洋諸国からシリアに向かう若者のなかには、キリスト教徒のブルジョワ家庭の青年や若い女性もいる。二〇一一年、シリア内戦の勃発後、バッシャール・アル・アサド大統領が化学兵器でムスリム住民を殺害したことが西洋の若者たちの怒りを爆発させ、多くのボランティアは人道的救援を目指し、看護婦志願者やマグレブ諸国の大学生までがトルコからシリアへと引き寄せられていった。当時はまだコーランを法源とするシャリーア法（イスラム法）拡散のための宗教戦争というよりも、アメリカ帝国主義と戦う中東戦争と見られていた。

フランスではISのことをアラビア語名の頭文字をとってダーイシュと呼ぶが、今日、西洋文明を敵視するISは、西洋が誇る利器インターネットで先進国の若者に、コーランの啓示や指導者らの過激的説教、ジハーディストらの戦闘シーンをサイトやユーチューブにアップロードし、プロパガンダと共にジハード思想を植えつけ洗脳しつづける。今日の若いジハード志願者は、フランス政府がムスリム住民に求める穏健派イスラームを、西洋社会に安住する「ライト・イスラーム」として侮蔑する。

ISに向かう若者たちの動機を、西洋社会へのニヒリズム、または精神分裂者的行動と分析する中東問題の専門家もいるが、二〇一六年五月十九日～二十五日付のL'OBS誌は、「どうしてＩＳは若者を引きつけるのか」と題し、人類学者スコット・アトラン（著書『過激派イスラミズム』）と、宗教社会学者ラファエル・リオジエ（著書『イスラム化神話』）の対談を掲載している。アトランは、「多種階層の若者がＩＳに引かれるのは、生きることの意味を求めているからで、それはロシア革命のボルシェヴィキや八〇〇〇万人ものドイツ人を引きつけたナチズムに匹敵する。ジハード志願者は、それが世界の破壊につながる終末論的イデオロギーだとしても、彼らは世界を救うために戦っていると過信する。この過程で、破壊は自分および人類を解放するための通過儀礼となる」と語っている。リオジエは、「ジハード思想に染まった若者にとって、フランスの政治家が唱える共和国のライシテ（政教分離）という概念はもはやたいした意味を持たなくなっている。ＩＳは、アルカイダ以上に神学とイデオロギーを結合させ、栄光の〝来世〟の夢を若者たちに与えている。コーランを読まなくても、アラビア語を知らなくても、西洋社会を憎悪する若者は、ジハードのために死ぬだけでなく、〝来世〟に向かうのだからニヒリストとは言えない」と言う。

本書を訳すにあたり、「アッラーはムスリムを守るためには暴力と戦争を許す」という偏見を質すため、訳者はコーランⅠ・Ⅱの日本語訳（訳者・藤本勝次、伴康哉、中公クラシックス）を読んでみた。モーゼやイエス、ムハンマド他、数百人に及ぶ預言者たちの多分野にわたる教訓を示す短い啓示が連なる。全編にわたってアッラーが唯一神であることがくり返し確証され、イスラム信仰者は、来世で楽園に行けるが、メクレアン（無信仰者）は業火（地獄）に投げ込まれる、という下りが何度も出てくる。そしてアトランは「物質主義の現世のオルタナティブとしてポジティブに来世を想い描き、自主的に自爆を志願するのだ」と分析する。そして「フランスからシリアに向かった若者の八〇％が、友人や兄弟と共にジハードに参加していることは、一つの目標に向かってなびく一種の集団心理からきている」と言う。ウェブによってジハーディストになれるということは、アッラーに選ばれたジハード戦士という錯覚を若者たちに植えつけ、イスラム原理主義からも逸脱し、西洋文明を敵とみなすジハーディズムというイデオロギーにのって疾走する。リオジエは、「マニュエル・ヴァルス首相が、ISとの戦いを文明戦争とみなし、イスラム主義や原理主義、サラフィズムなどをないまぜにし、ムスリム人全体が被害を受けているような印象を与えることこそ、ISの思うツボなのだ」と指摘する。

では、これからますますISが西洋を破壊するためのテロを拡散させていくなかで、レジスタンスのようにそれに対抗するのが欧米の右翼ナショナリズムだろう。二〇一一年から、地中海での溺死も覚悟で小舟で押し寄せて来る数百万人の難民のほとんどはイスラム諸国から来ているのである。二十世紀後半、西洋諸国は東南アジアからのボートピープルを迎え入れた。二十一世紀の今、南から北へ宗教が異なる難民が押し寄せて来ている。これらの難民を受け入れる西洋諸国民との共存と混合には何十年もの歳月が必要なのだろう。

二十世紀にはフランスだけでも、十月革命を逃れたブルジョワのロシア人、ファシズムを逃れて来たイタリア人、フランコを逃れたスペイン人、アルジェリア独立後の移民、アフリカの元仏植民地からの移住者と、今やフランスはカトリック、ユダア教、プロテスタント、ムスリムなど多文化、多宗教の重層国なのである。ただ、コーランはアッラーを唯一神とし、偶像崇拝を認めるキリスト教も多神教とみなし、イスラム原理主義は、ムハンマドが現れた七世紀から進化することを拒否する。十八世紀フランスの啓蒙思想家たちは、二十一世紀にイスラム原理主義と西洋文明が共存する社会になることに考えおよんだろうか。西洋諸国民は、アラビア語やイスラム教を元植民地、未開発国の伝承言語、アニミズムまたは伝承信仰とみなし、蔑視してきたのではないだろうか。宗教のなかでもイスラームは、どんなにテクノロジーが進んでも、日の出前の礼拝を含め一日五回、砂漠にいても、刑務所で服役中でもメッカに向かって礼拝を欠かしてはいけないのである。

フランスの内務省は、刑務所内でイスラム過激思想に感化されやすい服役者や、シリアから戻って来たフランス人の若者をいかにしてジハード思想から脱皮させられるか、精神科医や心理分析医、カウンセラーらによる再教育に努めている。しかし、自分が生まれ育った国を憎悪し、ＩＳが目指すカリファの未来に自分の来世を託す若者を、以前彼らが生きていた資本と物質主義が支配する日常にはたして引き戻せるのだろうか。前述の宗教社会学者リオジエは、「過激思想には過激性をもって対応するしかない」とし、「人びとはどうしてダライ・ラマのヒューマニズムとエコロジー主義に引かれるのか。もちろんそれには犠牲と精神性が要求されるのだが」と述べ、彼自身、毎日瞑想を実行していることを、前科のある若者やサラフィスト（イスラム原理主義派）青年らに話すと、彼らは一種の尊敬の眼差しを向けるという。

この訳者あとがきも終わろうとしていた七月十四日、革命記念日の大花火大会の日。パリではエッフェル塔をなめつくすように夜空を輝かせる無数の花火。パリジャンと観光客、そして全国民がテレビでもそれに見入っていたそのとき、ニースの花火を見るためにプロムナード・デザングレを三万人もの人びとが埋め尽くしていたなかを、ジハーディストに属する一人のニース在住のチュニジア人（三十一歳）が、一台の白い冷凍トラックを暴走させ、無差別に観衆を轢き殺していった。一人の父親は子どもも含め家族全員六人が轢き殺された。死者は合計八六人、負傷者二六〇人余り。

しかし、「魔の七月」は終わらなかった。七月二十六日、ノルマンディーはレンヌ近くの小さな町サン・テチエンヌ・デュ・ルヴレ教会でミサをあげている最中のジャック・アメル神父（八十六歳）を、十九歳の二人のジハーディストが斬首するという、フランスの心髄を切り裂くテロが起きたのである。

二〇一五年一月のシャルリ・エブド、十一月十三日のパリ同時多発テロでは、バタクラン劇場だけで一三〇人が死亡した。重傷者の中にはいまだに完治していない者も多い。死亡者の遺族と友人たちが受けた深い傷痕は永遠に消えないだろう。その一カ月後にブリュッセルのテロ、このニースのテロ、神父の斬首テロ……年に何回かフランスを襲うジハーディストによる個別テロ。これらは本書の中で二年前からジハーディストになるために志願した青年たちが計画していたことではなかったのか。これからは「テロの国」フランスを、大統領は常に非常事態に置かざるをえないのだろう。

フランス社会、いやフランスだけでなく全世界の国々に潜む目に見えない敵、ジハーディズムにたいする戦いがはじまっているのである。二十年前に徴兵制度を廃止したフランスは、治安のための予備軍として民間ボランティア予備軍の拡充を急ぐ。自由の国、フランスが「自由」を守るための「治安」態勢は、今までのやり方では不充分なのだろう。敵は、ウェブやスマホで世界中、何時でもどこででもジハーディスト個人が連絡し合い、テロを起こせるのだから。地理的、物理的に〈イスラム国〉が縮小され、最後にはなくなったとしても、そのイデオロギーを抹消させることは難しいのではなかろうか。

今日、フランスだけでなくどこの国にも起こり得る、イスラム過激派によるテロについての書籍がたくさんあるなかで、本書『フランス人ジハーディスト』の出版を心良くご承諾してくださった高須次郎、ますみご夫妻、編集を担当してくださった斎藤あかね様に深くお礼申し上げます。

二〇一六年秋

訳者　小沢君江

[著者略歴]

ダヴィッド・トムソン（David THOMSON）

アフリカの数カ国で報道記者として働いた後、2010年から2011年まで国営放送局ラジオ・フランスと同局国際部、テレビ24のチュニジア専門の報道記者としてチュニジアに滞在し、2011年リビアではカダフィ独裁政権反乱の内戦を取材した。2012年チュニジア北西のシリアナで散弾に当たり負傷しパリで治療を受けた後、現地に戻り、シリアに向かおうとしていたフランス人青年たちをインタビューし、彼らの証言を『フランス人ジハーディスト』としてまとめる。独仏テレビ局アルテのドキュメンタリー番組、チュニジアのアンサール・アル・シャリーアのジハーディストの動きを追った『ジハードの誘惑』を製作し、国際ルポルタージュ賞、2013年度〈イラリア - アルピ賞〉を受賞。

本書『フランス人ジハーディスト』は〈イスラム国〉の構造、システム、現状を知る上で貴重な参考資料として各界で注目され、エクスプレス誌-BFM TVの2014年度ドキュメント賞を受けている。

[訳者略歴]

小沢君江（おざわ　きみえ）

1961年、AFS留学生として米国に1年滞在。1965年、早稲田大学仏文科卒。1971年、夫ベルナール・ベローと渡仏。1974年、ベローと共にイリフネ社創立。ミニコミ誌『いりふね・でふね』創刊。1979年、無料紙『オヴニー』発刊。1981年、民間文化センター「エスパス・ジャポン」創立。2010年6月創刊の仏語の月刊フリーマガジン「ZOOM Japon」の編集に携わる。

著書に半自叙伝『パリで日本語新聞をつくる』(草思社)。訳書『ボッシュの子』(祥伝社)、『ビルケナウからの生還』(緑風出版)、『誇り高い少女』(論創社)、『それは6歳からだった』(緑風出版)、『一台の黒いピアノ』(緑風出版)、『フランス人の新しい孤独』(緑風出版)、自叙伝『四十年パリに生きる』(緑風出版)。

フランス人《じん》ジハーディスト
——彼らはなぜイスラム聖戦士になったのか

2016年11月10日　初版第1刷発行　　定価2200円＋税

著　者　ダヴィッド・トムソン
訳　者　小沢君江
発行者　高須次郎
発行所　緑風出版 ©
〒113-0033　東京都文京区本郷2-17-5　ツイン壱岐坂
［電話］03-3812-9420　［FAX］03-3812-7262［郵便振替］00100-9-30776
［E-mail］info@ryokufu.com［URL］http://www.ryokufu.com/

装　幀　斎藤あかね
制　作　R 企 画　　印　刷　中央精版印刷・巣鴨美術印刷
製　本　中央精版印刷　　用　紙　中央精版印刷・大宝紙業　　E1500

ISBN978-4-8461-1618-7　C0036